シン・経済学

貧困、格差および孤立の一般理論

小島寛之 著

帝京新書
004

はじめに

日本は戦後しばらく貧しい国でした。１９６０年代から70年代にかけての高度成長を経て豊かな国になりました。そして70年代以降は先進国の仲間入りをしました。90年にバブルの崩壊を経験し、坂を転げ落ちるようにデフレ経済に陥りました。それ以来現在まで不況が続いています。これを「失われた30年」と呼びます。

失われた30年の間に、戦後しばらくの貧困とは別種の貧困が生まれてきました。それを「見えざる貧困」と私は名付けたいと思います。見た目には「それほどでもない」と言われ、「自己責任だから仕方ない」と見過ごされがちな貧困状態です。

ここでは、阿部彩氏の『弱者の居場所がない社会』〔1〕、阿部彩・鈴木大介両氏の『貧困を救えない国日本』〔2〕、石井光太氏の『日本の貧困のリアル』〔4〕を参考に、「見えざる貧困」について考えます。

国の貧困を測る指標に「相対的貧困率」があります。『貧困を救えない国日本』によれば、日本における定義（２０１５年当時）は、手取りの年間所得がひとり暮らし世帯で１２２万円以下、四人世帯で244万円以下の世帯の割合です。2015年にはそうした世帯の割合が15・7%でした。OECD（経済協力開発機構）加盟諸国では「中」から「高」に当たる比率だそうです。日本における推移は、1985年には12%だったものがじわじわ上昇して2015年には15・7%までになりました。豊かになったはずの国で相対的貧困率が上昇しているというのは不思議な現象です。つまりこれは格差の問題でもあるわけです。

ひとり暮らしで122万円以下、四人世帯で244万円以下では、生活は苦しいのが容易に想像できます。そうした世帯が16%近くもあるのは、「みんなが豊かな社会」とは決して言えない証拠です。

さらに『弱者の居場所がない社会』によれば、2007年の調査で「過去1年の間に経済的な理由で家族が必要とする食料が買えなかったことがありますか」という質問に対して、「よくあった」という世帯は2・5%、「ときどきあった」は4・5%。「まれにあった」は8・6%で、計15・6%となっています。現代の日本で「食べるのに困った」家庭がこれほどあるというのは、想像を絶します。

同書によれば、過去1年間に世帯の誰かが「健康ではなかったが、医療機関には行けなかった」とする割合は、2007年のデータで全世帯の約2%だそうです。日本は国民皆保険のはずではないかといぶかりたくなります。回答した世帯の4割は「自己負担率の割合が高いなどの経済的理由」を挙げています。高齢者に限ると「医療機関までの距離が遠い」「医療機関に行くのが難しい」など地理的・身体的な理由を挙げる人が多いようです。これは、医療という公的サービスの制度設計がもたらした貧困に当たるでしょう。

『日本の貧困のリアル』は、途上国の貧困と日本の貧困とを比較した非常にユニークな本です。この本によれば、日本は「いったんホームレスまで落ちると這い上がれない」社会だそうです。日本のホームレスの人々の多くは仕事をしたいと望んでいるのに対して、完全な失業状態にある人は全体の51%にも上ります。その原因として著者は「社会的偏見」と「劣等感」を挙げます。日本人には「自己責任論」が根強く存在し、ホームレスの人々に冷ややかな視線を送り、彼らを排除してしまいます。それがホームレスの人々に劣等感を植え付けます。彼らは人と付き合うのを避け、自ら社会との接点を捨ててしまいます。

日本の雇用者における非正規雇用者の割合は、『日本の貧困のリアル』によれば、1985年の16%から2010年の34%まで大きく増加しました。これはバブル崩壊後に起きた不況の影響と考えられます。日本における格差は、正規・非正規の雇用形態に大きく依存しています。東京都で最低賃金に近い非正規雇用の仕事に就いた場合、1日8時間、週に5日働いた場合でも月に18万円弱の所得しか得られません。衣食住は確保できても貯蓄は難しいでしょう。低収入の非正規労働者は心を病んでしまうことが少なくないそうです。見通しのつかない生活がずっと続くことへの不安から来るのでしょう。もちろん、この水準の収入では結婚や子育てはあきらめざるを得ません。このように、日本の貧困の最も大きな問題は「将来に希望がもてない」ことに尽きるのです。

日本の貧困について最も重要な問題は「絆の欠如」であることを三人の著者は述べています。『日本の貧困のリアル』では途上国の貧困と日本の貧困とを比較して、途上国には家族・親族の絆や社会の絆があるのに対して、日本にはそれらが欠けていると指摘しています。日本では、貧困者が孤立によって窮地に追い詰められてしまうのです。

『弱者の居場所がない社会』では、「社会的排除」という概念を提示しています。社会的排除とは、資源の不足をきっかけに社会における仕組みから徐々に脱落し、人間関係が希薄になり、社会の一員としての存在価値を奪われていくことを意味します。「社会的孤立」も同じことを意味する言葉です。それに対して同書は「社会的包摂」という政策を提案しています。これは「すべての人が暮らしやすい社会」をデザインすること、すなわち、「社会をつつみこむ」ことです。言い換えれば、「人間同士の共感が、社会制度を通して、見える絆や見えない絆を生み出している社会」ということになります。

ここで本書の意図をはっきりさせましょう。それは「貧困と格差に挑戦する経済学」を提示するということです。経済学によって「見えざる貧困」の解決に挑むことです。経済学のそもそもの目的は、貧困や格差を解決することでした。いつの間にか経済学はその目的から大きくそれてしまったと私は考えています。経済学の初心に立ち返り、この問題に挑みたいと思います。カギになるのは「社会的共通資本」です。

（目次）

第一章　限界を暴いた経済学者

経済学は18世紀スコットランドの社会学者アダム・スミスの著作『国富論』によって始まったと言われています。彼がこれを書いた目的は、国民が豊かに暮らせる国を作るにはどうしたらいいかを主張するためでした。それを踏まえると経済学の始まりは「国民が豊かに暮らせる国を作るにはどうしたらいいか」ということになります。本書もそれをテーマにしていることをここで宣言しておきましょう。

アダム・スミスが特に注目したのは、分業によって財を増やすことと、生産された財を市場での価格取引によって効率的に分配することです。これは資本主義や市場経済が浸透している現代から見るとあたり前のことに思えますが、アダム・スミスの時代においては画期的な発想でした。なぜなら、当時の西洋社会はキリスト教的な互恵の倫理（互いに与え合い、助け合うべきという考えた方）に支配されており、利己的な動機による市場取引の有意義性に気がついていなかったからです。その意味で彼には、先見の明がありました。

現在の経済学では、アダム・スミスの主張について、この「利己的動機による市場取引」ばかりが取り沙汰されます。実はもう一つ、見逃してはならない点があるのです。それは、彼が「重商主義」を批判するためにこの本を書いたという点です。重商主義というのは、貿易によって金銀財宝を国内に蓄積すべきだとする主義のことです。国の豊かさは、「お金の多さ」に依存するという考えからきます。アダム・スミスはこの考えを真っ向から否定しました。国の豊かさとは、財の消費の多さであると主張したのです。実はこの考えは本書でも非常に大切になります。今でもこの重商主義的な考え方にはまっている識者や政治家が多いからです。本書では、この考えのどこが間違いかを指摘したいと思います。そして「お金よりモノ」という発想の大事さを訴えます。

▼経済学の発展

アダム・スミスに始まった経済学は、その後の200年あまりで大きな発展を遂げました。アダム・スミスの研究をリカードやマルクスが継承しました。それは基本的にアダム・スミスと同じ方法論、すなわち自然言語による論証でした。19世紀末に抜本的な変化が訪れました。

それは、「経済学の数学化」という変化です。ワルラス、ジェボンズ、メンガー三人の経済学者が別々に「経済学の数学化」を達成しました。それは、経済現象の分析に微積分を持ち込むことでした。

「経済学の数学化」の背景には、物理学への憧憬ともコンプレックスともいえる気持ちが存在していたと思われます。物理学は、ニュートンが17世紀に力学を生み出してから、急速な発展を遂げました。ニュートンは力学理論を作り上げるために、微積分の技術を独力で開発しました。力学とは「時間変化に依拠する運動」、すなわち、「動学」です。ニュートンが惑星の運行法則を記述するためには、微積分は不可欠の数学だったのです。

ワルラス、ジェボンズ、メンガーは、このような「動学」の物理学を真似て、経済学を作り上げたいと考えたのでしょう。そのため、彼らの経済学は微積分を基礎としました。例えば、ワルラスによる有名な「ワルラス一般均衡理論」は、微積分を駆使した「定理」の形になっています。

彼らによって作り上げられた新しい経済学は、「限界革命」と呼ばれます。ここにおける「限界」というのは経済学の専門用語で、実は「微分」と関係します。大事なのは「革命」という語句のほうです。つまり、彼らによって経済学に「革命」がもたらされ、その後の経済学に大きな進歩がもたらされたと捉えられているわけです。

実際、これを契機に、経済学は急速に数学化していきました。「数学化した」というより、「数学そのものになった」と言ったほうが正しいくらいです。アダム・スミスやリカードやマルクスらが「思想」として生み出したはずの経済学は、いつの間にか「数学」に姿を変えてしまったのでした。20世紀の経済学は、順序集合、トポロジー、動学的最適化、測度論的確率論、関数解析、確率微分方程式などの先端の数学を旺盛に取り込んで、どんどん高度化していきました（これらの用語が分からなくても本書の理解には問題ありません）。例えば、先ほど触れた「ワルラス一般均衡理論」は、その後の発展的研究の中で、「高次元空間における関数の不動点定理」という形でまとめあげられたのが最たる例です。不動点定理とは、「ある条件を満たす関数には必ず、出力値が自分自身となる入力値が存在する」というものであり、バナッハのもの、ブラウワーのもの、角谷のものなどいろいろ発見されています。消費者の消費の快適さと企業の利潤が、ともに最適になるような価格の配分をワルラス均衡と呼びます。ワルラス均衡の存在は、ある関数の不動点として立証されるのです。これだけでも、経済学はいまや立派な数理科学の一つだと確信できるでしょう。

経済学の数学化はもちろん、意義のあることです。数理科学に新しい分野を加えることになり、人類が新たな研究領域を手に入れることになったからです。しかし、「数学の一部」になることで大事な初心を見失ってしまうとすれば、それはとても残念でなりません。最初に書いたとおり、経済学は「どうやったら国民を幸せにできるか」というテーマをもって生まれました。数理科学になること自体は目的ではなく、「どうやったら国民を幸せにできるか」という難問を解くために、数学を道具に使おうとしたわけです。最初は道具に過ぎなかった数学が、経済学全体を包み込んでしまったとすれば、それは本末転倒と言っていいでしょう。

▼市場への過信

経済学の数学化の過程で顕著になったのは、市場への過信です。「市場万能主義」とでも言っていいほど、市場メカニズムに信認をおいた論文が量産されました。それは、「価格をつけて市場で自由な取引をすれば効率的で最適な状態が実現する」という結論を持つものです。

確かに多くの財については、この性質が当てはまるでしょう。市場における価格取引は、取引者が心の中に秘めている「その財がどのくらい欲しいか」を顕示させる働きを持っており、「欲しい程度ができるだけ強い人」に財が渡るようになります。例えば、ある家具をAさんとBさんが欲しがっているとします。くじ引きで当てた人が10万円を払って入手する取引と、二人でオークションをして買い手を決める方式を比べてみましょう。Aさんはこの家具を手に入れるのに20万円まで払ってもいいと思っているのに対し、Bさんのそれは12万円だとします。くじ引きでBさんが当てると、もっと強く欲しているAさんが入手できず、また売り手も10万円しか手に入りません。他方、二人にオークションをさせれば、13万円に価格がつり上がった時点でBさんが降りて、Aさんが競り落とすことになるでしょう。この場合、Aさんは20万円の価値があると思っている家具を13万円で入手できるし、売り手も13万円を手に入れることができます。くじ引きよりも売り手も買い手も両方が大きな利益を得られます。価格を付けるオークションは、買い手の心の中にある欲望を表に顕示させる働きがあるということです。

簡単な例でしたが、市場取引の効率性と最適性がどういうことかが理解できたと思います。

価格メカニズムの有効性は、前世紀において社会主義計画経済よりも資本主義経済の方が優良なパフォーマンスを発揮したことからもそれは分かります。最先端の経済学者・神取道宏氏は韓国と北朝鮮を例にこのことを説明しています(39)。両国は同じ民族で構成され、同じ半島に位置しながら、資本主義を採用する韓国と社会主義を採用する北朝鮮では豊かさに大きな差が生じたということです。

しかし、このようなメカニズムを「万能なもの」とできてしまうこと、まさにそこに「数学化の落とし穴」があります。経済学の定理は単に抽象的に変数を設定した計算によって生み出されるので、変数の意味に別の解釈をすれば、同じフォーマットでどんなことにでも同じ結論、すなわち、「市場取引が最適だ」という結論が得られてしまいます。例えば、「貧困や自殺は最適な選択の結果だから放置すればよい」だとか、「環境汚染は環境の所有が不明確なために市場取引ができないゆえに起きるから、すべての環境を私有化すればよい」などといった暴論の研究も出てきました。

▼寵児から謀反者へ

市場万能主義とでも呼ぶべき潮流に、反旗を翻した経済学者がいます。それが宇沢弘文氏です。彼は私の師に当たる経済学者で、数年間にわたって直接の指導を受けました。

宇沢氏は1928年生まれ。旧制一高において東大医学部進学課程で学ぶものの、医師になるのを断念し、数学科に進学しました。数学科ではその優秀さのゆえ特別研究生という非常に待遇の良い地位に就いたにもかかわらず、戦後直後の日本の混乱を憂えて退学をします。その後、独学で経済学を学びました。28歳のとき、経済学者ケネス・アローの論文へ手紙でコメントを出したのをきっかけに、アローの招聘《しょうへい》で渡米し、経済学者としてのキャリアをスタートさせました。アメリカでは主流である新古典派経済学の論文を著名学術誌に次々と公刊し、華々しい業績を挙げます。数学科で天才の名を欲しいがままにしたのですから、数理経済学はさほど難しくはなかったでしょう。

宇沢氏はアメリカで経済理論の寵児《ちょうじ》となりました。指導した弟子にはアカロフやスティグリッツなど後にノーベル経済学賞を受賞するような天才たちがたくさんいました。そうした栄華にもかかわらず、彼は次第に新古典派経済学に対し、批判的な姿勢を強めるようになりました。市場を万能と見なす主張を「反社会的」と糾弾し始めたのです。

私は宇沢氏から当時のアメリカの経済学会の状況を何度も直接に聞かされました。その偏狭な保守的思想に驚くばかりで、「これが自由と人権を重んじるアメリカの裏の顔なのか」と失望を禁じ得ませんでした。

アメリカがベトナム戦争の泥沼にのめり込んでいったのを契機に宇沢氏はアメリカに見切りをつけ、日本に帰国しました。東大経済学部で教鞭《きょうべん》を取りながら、新古典派経済学に対する批判的立場を鮮明にし、環境問題や成田闘争の解決に向けた政治運動に乗り出しました。一方、経済学者としては、「社会的共通資本の理論」という反主流派的な経済学を構築することになりました。この理論は本書を貫く大きな柱であり、後の章で詳しく説明します。

▼不安定な資本主義

帰国後の宇沢氏が一貫して問題にしたのは「資本主義には本源的な不安定性がある」という考え方です。主流の新古典派の経済学は「市場に任せていれば、効率的で最適な状態が実現される」と主張します。宇沢氏はそれを誤りだと断じたのです。彼が批判したのは環境汚染や貧困、そして金融恐慌です。資本主義社会は１９２９年の株価暴落に端を発した世界大恐慌を経験しました。他方、日本では水俣病をはじめとした環境汚染が頻発し深刻化しました。これらの問題は、資本主義に宿命的な副作用であると彼は考えたのです。市場が十分に機能しないから起きるのではなく、市場経済そのものに内在する宿命的な病巣だと考えました。

そこで宇沢氏が共感をしたのがケインズの理論です。イギリスの経済学者ジョン・メイナード・ケインズは、１９３６年に『雇用、利子および貨幣の一般理論』（以下、『一般理論』と記します）を著して、資本主義経済が不況や恐慌に陥るメカニズムを解き明かそうとしました。同書は29年の金融恐慌から始まった30年代の世界大恐慌の経験を踏まえて、不況への処方箋を与える目的で書かれました。したがって、新古典派経済学の市場万能主義への反旗の理論でもありました。

ケインズ理論が提示する「市場経済の不安定性」に宇沢氏は強く傾倒しました。その一方で、ケインズ理論自体の欠陥も指摘しました。

金融恐慌に対するケインズの見解が、ソースティン・ヴェブレンという経済学者の受け売りではないかと疑義を持っていたようです。自らの考え方が酷似しているにもかかわらず、ヴェブレンについてケインズは一切触れていませんでした。宇沢氏はこの点についてケインズに複雑な気持ちを持っていたようです。ヴェブレンは宇沢氏にとって「社会的共通資本の理論」を生み出すきっかけとなった尊敬する経済学者だったからだと私は思います。

▼市場に委ねられない

宇沢氏は「社会的共通資本」を分析の中心に据えて、新しい経済学の構築を目指しました。社会的共通資本は簡単に言えば、「市場取引に委ねることが許されない財・サービス」のことです。代表的な社会的共通資本として自然環境、社会インフラ、教育や医療を彼は挙げています。これらが市場取引に委ねることが許されないのは次のような理由からです。

①個人の所有になじまず、市民の共通の財産として管理・運営されるべきだから。

②市場における価格取引に委ねると社会全体の不安定性が生じるから。
③市民の基本的人権に関わる財・サービスだから。

例えば、自然環境の大気を考えてみましょう。ある地域の大気を大金持ちの人が購入するということを想像してみてください。これは全くおかしいことであり、また、理不尽なことだとすぐに分かるでしょう。大気は周囲の地域とつながっています。それが誰かの所有物になるというのはあり得ないことです。その購入者以外の市民が大気を呼吸してはいけないことになったら、みんな死んでしまいます。これは市民の生存権に抵触します。さらには購入者が商品生産のために、この地域の大気を好き勝手に汚染してよいわけはありません。なぜなら、その汚染は周囲の地域の人々の暮らしや生産にも影響を与えるからです。

医療サービスを考えれば、もっと実感を持って理解できるでしょう。医療サービスが完全に市場の自由取引に委ねられた世界を考えてください。治療を受けなければ命に関わる病気に罹患した人も、その治療が高価過ぎて受けられないということがまかり通ることになります。医師は、金持ちの風邪を貧乏人の重病に優先して治療することになるかもしれません。これは基本的人権に抵触します。こうした事態を引き起こさないため、医療については国が厳しい管理運営をしているわけです。

主流派の経済学はこのような「公共的」な性質を持つ財・サービスを「市場の失敗」と規定して、例外的なものと扱います。それに対して宇沢氏は、社会的共通資本にという「公共的」な性質を持つ財・サービスこそが、社会の安定と暮らしの豊かさの中心的な存在だと主張しました。「社会的共通資本を適切に管理・運営する制度の樹立こそが、経済学の最も重要な課題だ」という思想を提唱したのです。

大学を卒業した後しばらく、私は学習塾で数学を教えて生計を立てていました。偶然が重なり、市民講座で宇沢氏のセミナーに参加しました。社会的共通資本について講義を受け、人生観が覆りました。彼の思想に大きな感銘を受け、経済学を本格的に研究したいと考えるようになり、経済学研究科の大学院へ進みました。本書を通じて、四半世紀になる私の経済学研究の所産を伝えたいと思います。

第二章　「失われた30年」の真相

貧困や格差を考える上で、不況は避けて通れない現象です。日本ではここ30年にわたり不況が続き、「失われた30年」と呼ばれています。「失われた」の言葉の意味は、「本当なら経済成長して、国民が豊かになったはずなのに、それが失われた」ということです。日本はこの期間、経済成長をほとんどしていません。１９９６年には世界第3位だった一人当たりＧＤＰ（国民一人が平均どのくらい生産物を生産しているか）が、２０２２年には第31位まで落ちてしまいました。

日本が不況に陥ったきっかけは１９９０年のバブル崩壊でした。１９８０年代は、株や土地などの資産価格が高騰したことから「バブル期」と呼ばれています。社会は好景気に沸き、多くの日本人が浮かれていました。当時、私が勤めていた学習塾にも、入塾希望者が殺到して嬉しい悲鳴を上げていました。90年に突然、株価が暴落してバブルが崩壊。株価は回復せず、97

年に金融危機が起きます。企業業績が低迷し失業者が増え、日本は長期不況に突入しました。２０００年代に入って景気が持ち直すかに見えたものの、２００８年に起きたリーマン・ショック（アメリカの有力投資銀行リーマン・ブラザーズの破綻《はたん》に端を発する金融危機）によって再び不況に引き戻されてしまいました。

日本の「見えざる貧困」が生み出されたのはこの時期からです。本章は貧困を生み出す長期不況がどのような原因で起き、なぜ長期にわたり続くのかを経済理論から説明します。

▼バブルの病

長期不況は資本主義社会の治療が難しい病といえます。特徴に「バブル崩壊後、長期不況に見舞われる」というのがあります。「バブル」は株や土地などの資産価格が実体的な価値から離れて信じられないような水準まで高騰する現象です。「バブル」の名称は18世紀イギリスの南海泡沫会社の株投機事件における「泡沫《ほうまつ》」に由来する名称とされています。それを知らなくとも、「バブル」という言葉は「泡のように膨れてはじける」という意味に取れますので、非常に適切な名称です。

バブルの現象を理解するのに最適な例は、１６３４年から37年にかけてオランダで起きた

「チューリップ・バブル事件」です。当時のオランダでは、ウイルスによる伝染性の病気「モザイク病」によってできる変種の美しいチューリップが話題となります。そのため球根への投機が過熱し熱狂的になり、球根の価格は高騰しました。「もっと高値で買ってくれる人がいるだろう」と誰もが推論し、転売目的で「いくら高値でも買う」という連鎖が起き、球根は瞬く間に高騰したのです。馬車1台と1個の球根が等価になるほどだったと伝えられています。嘘のような本当の話もありました。ある船乗りが船荷の到着を商人に報告した時、褒美に振る舞われたニシンの近くにあった〝タマネギ〟を薬味だと思いこんで食べてしまったのです。それは船の乗組員全員を一年間養えるほど高価なチューリップの球根でした。船乗りは窃盗罪で数カ月も投獄されることになりました。実はこれがバブルの正体で、人間と社会の心理状態が過熱する摩訶不思議なところなのです。

▼バブルの後の長期不況

1920年代のアメリカも、資産バブルのまっただ中にありました。土地や株が実体的な価値をかけ離れて高騰していました。法外な高値で取引されるフロリダの土地を新聞記者が現地に見に行くと、海底に沈んでいる土地だったという事件まで起きました。アメリカで起きた20

年代の資産バブルは、29年のニューヨーク証券取引場での暴落をきっかけにはじけました。

１９８０年代の日本の資産バブルの期間にも「土地は決して値下がりしない」と根拠のない「神話」を多くの人が信じました。ＮＴＴの民営化で87年に株式が公開される直前、転売目的のためにＮＴＴ株の抽選に参加する人が殺到し、公開後の株価は信じられない水準に高騰しました。土地や株の転売でもうける「財テク」という言葉がはやりました。

注目すべきは、バブルがはじけた後に長期不況がやって来ることです。南海泡沫バブルでも、オランダ・チューリップ・バブルでも、アメリカ資産バブルでも、バブル崩壊後に長期不況がやって来ました。日本も80年代バブルの崩壊後に「失われた30年」に見舞われました。２００８年のリーマン・ショックは、低所得者向け住宅ローン（サブプライム・ローン）の債券バブル崩壊に起因し、世界を不況に引きずり込みました。

バブルは資本主義市場経済に内在する持病なのです。市場における価格取引は、取引参加者が心に秘める「その財をどれくらいほしいか」をあらわにさせる働きがあります（15ページ参照）。欲望の顕在化という働きです。消費財など普通の財の市場では、非常に有効であるのに対して、資産になると違います。資産を購入する動機には「金持ち願望」が潜んでいるからです。資産価格が人々から引き出すのは「その財をどのくらい欲しいか」ではなく、「いくらでも金持ちになりたい」という際限のない欲望です。

バブルの崩壊は三つの結果を招きます。第一は資産分布の変化です。資産を最高値で売り抜けた人は大きな利益を、最後につかんで価格の下落に直面した人は大きな損失を被ります。金融資産総額の下落によって、金融資産を保有する全員の「金持ちの程度」は減少します。第二は金融機関の弱体化です。金融機関は保有する資産を原資に融資をしています。保有する資産の価格が暴落すると融資額に影響が及びます。暴落した資産（いわゆる不良債権）が全資産に占める割合が大きければ、破綻《はたん》の危機に陥ります。実際、金融危機下の日本では銀行や証券会社が破綻しました。

この二つに比べて深刻なのは第三の結果です。それは社会全体が不況に陥り、長期化することです。なぜ、バブル崩壊が長期不況をもたらすのかについては後に詳しく解説します。不況下では商品が売れなくなり、従業員は理不尽な解雇や賃下げに見舞われます。そして貧困にあえぐ不幸な人を増やしてしまいます。失業者の増加や所得の低下は、人々の心をすさませ、社会を不安定にします。

▼無益な投資が理由か

バブルがはじけるとなぜ、長期不況がやって来るのでしょうか。

大学院で経済学を専攻している時、教員と飲みに行きました。席には同じ大学院生らがいました。1997年の金融危機の頃でした。「バブルがはじけるとなぜ不況になるのか」という喧々囂々《けんけんごうごう》の議論が飲み会の席で起きました。教員や先輩の解答は「バブル下では、資産価格が実体から離れて評価されているため、無益な投資が頻発するからだ」というものでした。

私は「なるほど、そうだな」と納得しました。誰も使わないようなゴルフ場の会員券が高値で取引されていることや、山奥に高級リゾートホテルを建設する怪しい計画への投資などが、マスコミで連日報道されていたからです。こんな無駄な投資に資源を使ったら、その後、国全体の生産能力に影響が出るだろうと私は思いました。

この考えは全くの間違いでした。マクロ経済学者の小野善康氏と親しくなりたくさんのことを教示してもらったことをきっかけに、自分の間違いに気づきました。彼は優れた業績を持ち、世界でただ一人、長期不況を解明する理論にたどり着いた学者です。

「もしも、バブル期に無益な投資がなされて、大事な設備やプロジェクトが足りなくなったのなら、バブル崩壊後は有望な投資先がふんだんにあり、融資したい業者が列を成しているはずだ」と小野氏は言います。私にとってこれは目からうろこでした。バブル崩壊後、銀行による「貸し渋り」が横行していたからです。設備や施設が不足しているなら、それへの投資は魅力的で銀行はいくらでも金を貸してくれるでしょう。

飲み会で議論した教員も大学院生も、表層的な考えに囚われ、誤謬《ごびゅう》を犯していたわけです。経済学者ばかりではありません。無駄こそ悪玉であるとする説は、識者や政治家の大半が信奉していました。小泉純一郎首相（当時）の「構造改革」論も同じ考えに立っていました。

小野氏と交わした議論や彼の論文・著作を通じて、バブルの問題の本質は別のところにあると理解することができました。悪玉は、「金持ち願望」で、それが巡り巡って長期不況をもたらすということです。

▼ケインズ革命

不況の経済理論を構築したのはケインズで、主著の『一般理論』は不況の原因を解明し、併せてその処方箋を与えるものです。『一般理論』が経済学説史において重要なのは、資本主義市場経済の本源的不安定性を主張し、主流派である新古典派経済学に反旗を翻したからです。

新古典派経済学は、不況を価格調整の過程で起きる一時的な現象だと考えます。商品が売れないのは価格が高過ぎ、失業者が存在するのも賃金が高過ぎるからであり、やがて価格や賃金が下がって均衡が回復する。不況は価格や賃金が適切な水準に修正されるまでの一時的現象だというわけです。

セイという経済学者がかつて、「供給は必ず需要を生む」とする〝法則〟を示しました。供給された商品は、価格調整によって必ず完売するという法則で「セイの法則」と呼ばれています。この法則を労働市場に適用すれば「働きたい労働者は必ず全員雇われる」ということになります。「労働供給は労働需要を生む」からです。失業者が存在するのは、その人々が現在の賃金は安過ぎて働く気がしないからということになります。

ケインズは「セイの法則」を否定し、「需要が供給を下回ったままの状態」が継続する可能性を考察しました。これがケインズの不況理論で、「需要の経済学」と呼ばれる理由です。

特に彼は「非自発的失業」の存在を論証しようとしました。非自発的失業は「現行の賃金水準で働く意欲と能力がありながらも、その人々が雇用されない」ことを指します。つまり「労働供給が労働需要を生み出さない」状態です。

ケインズは「需要が供給を下回ったままの状態」で起きる不況の解決政策として「需要刺激策」を提唱しました。解決策の一つは、政府が公共事業を実施することで雇用を生み出す「財政政策」です。もう一つは利子率を強制的に下げて投資需要を生み出す「金融政策」です。二つを合わせて「ケインズ政策」と呼びます。この政策は現在も各国政府が実施しており、標準的な経済政策と位置付けられています。

ケインズ理論とケインズ政策の考え方は、瞬く間に世界中に波及しました。宇沢氏はこれについてノーベル経済学賞受賞者ポール・サミュエルソンの言葉を引用しています(8)。「『一般理論』は、南海の孤島を襲った悪疫のように、三十五歳以下の経済学者をとらえて、新しい考え方の追従者としていった」。当時の若い経済学者たちの熱狂が窺えます。

▼貨幣の働きに注目

ケインズの『一般理論』はいくつかのアイデアの寄せ集めのようになっています。一つの論文というよりは、論説集に近いと言えます。中心のアイデアは、タイトルの通り「利子率」と「貨幣」に注目するものです。概要を解説しましょう。

ケインズは、二つの市場に注目します。一つは財市場で、もう一つは金融市場です。

二つの市場の兼ね合いによって、総生産が決まるとしました。利子率が二つの市場の架け橋をするのがポイントです。財市場では利子率が総投資量を決めます。投資は企業が機械・設備を増強するために金融機関から借り入れをすることです。当然、これは利子率の高さに依存します。利子率が高ければ投資意欲は減退し、低ければ旺盛になります。他方の金融市場では、利子率は国民の総貯蓄量を決める役割を果たします。利子率が高ければ貯蓄意欲が高まり、低ければ減退します。

財市場では総投資量が総生産量を決めるとケインズは仮定しました。生産された財は消費されるか投資されるかどちらかに分類されます。その分類は固定された関数で決まるとしました(消費関数と呼びます)。総投資量が決まれば、総生産量は消費関数から逆算することで求められます(77ページ参照)。財市場では利子率が総投資量を決め、さらに総生産量を決めることになるというわけです。

金融市場では、利子率が国民の総貯蓄量を決めるとしました。国民は、自分の金融資産を「銀行への貯蓄」と「貨幣のままでの保有」に分けます。貯蓄のメリットは利子を得られることです。貨幣のまま保有するメリットは、予期せぬ取引が発生したときにすぐに対応できることです(この性質を「流動性」と呼びます)。これは、私たちが急な出費に備えて必ず、財布やタンスの中に現金を入れていることを想像すれば理解できます。大企業や金持ちは、取引額が相対的に大きいので、貨幣保有量が多くなります。この考え方を国全体に適用すれば「総生産が大きい経済では、国民の総貨幣保有量は大きい」となり、貨幣保有量は総生産量に依存することが分かります。

国民が貨幣のまま保有したいと望む資産量を「貨幣需要量」と呼びます。貨幣需要量は、前述した通り、利子率と総生産量に依存します。利子率が高ければ貯蓄の魅力が上がり、貨幣需要量は低下します。他方、総生産が大きくなれば、流動性としての貨幣需要量は大きくなります。貨幣需要量は決まった関数から利子率と総生産量に対応して計算されるとケインズは仮定しました（貨幣需要関数と呼びます）。一方、貨幣供給量は中央銀行が発行した紙幣の量そのものですから、短期的には一定量です。貨幣需要量は当然、その一定の貨幣供給量に一致しなければなりません。したがって、貨幣需要関数のアウトプットの値は、この一定値に一致しなければならないことから「利子率を決めれば、総生産量が決まってしまう」ことになります（L（x, y）を貨幣需要関数として、xを利子率、yを総生産量とすれば、L（x, y）＝一定だから、xが決まればyは決まります）。これが、金融市場で利子率から総生産が決まる仕組みです。

このように、ケインズの考えでは、財市場と金融市場で別々の経路によって、利子率から総生産が決まります。利子率を勝手に与えた場合、一般にはこの総生産は一致しません。したがって、二つの市場で総生産を一致させるような利子率は一つの値に決まることになります。この利子率は「均衡利子率」と呼ばれます。均衡利子率の下で決まる総生産量が現実の総生産量になります。これは「均衡生産量」と呼ばれます。

ケインズの組み立てたメカニズムをよく見れば分かるように、「需要」だけで総生産が決まってしまっています。財市場では投資「需要」が、消費「需要」を決め、その二つの「需要」が総生産を決める仕組みだからです。ケインズ理論が「需要の経済学」と呼ばれるのはこのためです。大事なことは、この仕組みには「供給」の視点が入っていないことです。企業の生産の都合を考慮せずに需要だけの理屈で総生産が決まります。総生産量は「需要」を満たすだけの水準に決まってしまうのです。こうして決まった総生産量について、それを生産するのに必要な労働量は労働者全員を雇える水準に達していないかもしれません。もし、労働者全員を雇える水準を下回っていれば非自発的失業が発生します。

▼期待とアニマルスピリッツ

説明したばかりの総生産量決定の仕組みは、ＩＳ-ＬＭ分析と呼ばれ、大学の学部で標準的に教えられています。『一般理論』にはたくさんのアイデアが語られていることから、宇沢氏は「『一般理論』がケインズの長年にわたる実際的な体験と深い思索にもとづいて書かれたものであって、全体を通じて流れる整合的な論理体系を見出すことは困難」[15]と述べています。

ケインズの『一般理論』の中でも「期待」と「アニマルスピリッツ」の概念は特に有名です。財市場では投資がカギを握っていたことを思い出してください。彼は投資を重視していました。それを掘り下げて論じたのが「期待」と「アニマルスピリッツ」なのです。

「期待」は企業家が持つ将来の見通しや展望のことです。ビジネスの将来の収益は、はなはだ不確実で推測の対象でしかありません。だから企業家はその不確実性を何らかの形で推し量り、事業計画を立てます。その推論のことを「期待」と呼んでいます。大切なことは「期待」が正しいか誤りかは将来にならないと分からないという点です。正しいか誤りか分からない「期待」によって投資の決断がなされます。他方、投資は「財への需要」です。したがって、「期待」は財の需要を左右し、総生産を揺さぶることになります。ケインズが財市場における投資の役割に注目したのはそうした視点があったからだと考えられます。

企業家が曖昧な「期待」を基本に投資の決断をする場合、厳密な統計的推論ではなく、「アニマルスピリッツ」に依拠すると論じました。「アニマルスピリッツ」は日本語では「血気」

と訳されます。「野生の勘」みたいなものです。「アニマルスピリッツ」が前向きなときは、投資意欲が旺盛で景気がよくなり、逆に「アニマルスピリッツ」が減衰しているときは、投資に弱気になり、景気が悪くなると彼は考えました。

資本主義市場経済の不安定性を「期待」と「アニマルスピリッツ」の中にケインズは見ていたとも考えられます。

これらの観点は、ケインズが学生時代に数学を専門にしていたことと無関係ではありません。博士論文は経済学ではなく、実は確率論でした。しかも、数学と呼ぶにはあまりにもユニークでした。数学で伝統的に構築された頻度論（「何回中の何回」に依拠する確率）ではなく、「論理的確率」という形式でした。現実の観測頻度から確率を見積もるのではなく、人々の論理的な推論から見積もろうとしました。例えば「明日に雨が降る確率」を求める場合、「これまでの同じ気象状況では、何回中の何回、雨だった」と頻度から求めるのではなく、「もう10日間も雨が降っていないし、今日はやけにカラスたちが鳴くから、きっと明日は90％ぐらい雨だろうと思う」といったいわゆる「ロジック」から推論します。ここで使われた「思う」という表現が本質的です。90％の数値は頻度を表すのではなく、推測者の「思い」、心の中の「信念の度合い」に他なりません。

「論理的確率」はこのように、「期待」や「アニマルスピリッツ」と相性がいいのです。ビジネスに関する事象は一般的に、「これまでに何度も起きてきた」という類いのものではありません。むしろ、「1回しか起きないような事象」と考えられます。そういう「不確実性」に頻度論が通用しないのは明らかです。だから企業家は「ああなれば、こうなる」的な論理的推論をするしかないわけです。

「期待」や「アニマルスピリッツ」の概念は、当初は「哲学的な」概念と見なされていましたが、リーマン・ショックの後に再注目されました。宇沢氏の弟子でノーベル経済学賞受賞者でもあるアカロフが、シラーとの共著で『アニマルスピリット』[25]という経済学書を出版したからです。同書は不況について、従来の経済理論とは全く性質を異にする「アニマルスピリット」「期待」「貨幣錯覚」「腐敗に対する憤り」などのケインズ的概念から説明しています。

▼宇沢のケインズ評

宇沢氏がケインズ理論に引かれたのは私企業、利子生活者、労働者の三つの階級の間の対立関係で経済情勢が決まるという発想からでした。宇沢氏はケインズ理論を次のように要約しています。

株式市場が高度に発達して効率的に運営されるとき、企業の実質的価値と市場価格による評価との乖離《かいり》が一般的になります。特に財市場と労働市場において不均衡が生じていると、乖離が大きくなる傾向があります。株式市場における評価と私企業の実質価値との間で起きる乖離は、人々の長期的期待の変化によって変動し、一般的に安定的ではないでしょう。株価の上昇率に対する期待が高ければ高いほど株式保有の需要は大きくなり、それがさらに株価を押し上げます。乖離はやがて市場の閾値《いきち》を超えて大きくなり、人々の期待に急激な変化を引き起こし、株価は暴落します。株式市場の暴落は私企業の投資コストを大幅に引き上げ、企業の全部門の投資を低下させることになります。これが雇用量の減少、所得水準の低下を誘発し、人々の期待を一層悲観的にし、株価は暴落し続けます。これがケインズ理論に宇沢氏が見ていた構図です。

資本主義市場経済は、バブルの膨らむ素地を持っており、その必然的破裂が長期不況の真因であるとするケインズの考察を宇沢氏は高く評価しました。

宇沢氏はケインズの市場観をヴェブレンのそれに重ねます。先に述べた通り、ケインズがヴェブレンの影響を受けているのにもかかわらず、それに言及していないことに違和感を持っているようでした。

▼ケインズの誤謬

ケインズ理論は経済学会で激しい論議を引き起こしました。批判の矛先は均衡理論（ＩＳ－ＬＭ理論）の恣意性や不備についてでした。一度は経済学会において葬り去られました。そして、その後、恣意性を取り除き、不備を修復するうちに新古典派の枠組みの中に取り込まれ、新古典派理論の中の一つの「特殊なモデル」という場所に押し込められてしまいました。アメリカの経済学者マンキューの教科書をはじめマクロ経済学の多くの教科書で、ケインズの理論は「特殊ケース」として隅っこに追いやられました。

ところが、２００８年にリーマン・ショックが起きたことで状況は一変しました。大恐慌以降の中央銀行による金融市場の制御によって、金融危機は二度と起きないと考えられていたことが覆ったからです。リーマン・ショックは主流派の経済学者を震撼させ、その自信を打ち砕きました。ケインズ理論が息を吹きかえ返したのです。それも新しい装いではなく、旧ケインズ経済学そのものの復活でした。

リーマン・ショックの渦中、宇沢氏は「ほら、すごいことになりましたね」と書いたはがきを私に送ってきました。私は私でリーマン・ショック後の経済をケインズとは異なる視点で見ていました。小野善康氏の理論の視点からです。彼は独自の長期不況理論を提示した上で、旧ケインズ理論の誤謬《ごびゅう》をつぶさに指摘しました。小野氏の理論に対する私の理解が深まるにつれて、バブルとその後に到来する長期不況の真相に彼はたどり着いたのだと確信するようになりました。小野氏の理論については次の章で詳しく見ることにします。

第三章　長期不況と金持ち願望

「需要が経済を決める」と見たケインズに対し、それより前の経済学は生産をする企業側から経済を見ていました。「供給側（サプライ・サイド）の経済学」では、不況は生産の制約が原因で起きると考えます。例えば、ある財・サービスを供給できる企業が認可制の下に置かれていたり、法律によって生産方法が制限されていたりすることです。あるいは不採算の産業が保護されているとか、法人税が高過ぎるなどといったことです。この立場に従うと、不況対策は「規制緩和」になります。生産の効率性を妨げている規制を政治が取り除くことになります。

これに真っ向から立ち向かったのがケインズの「需要側（デマンド・サイド）の経済学」でした。生産が落ち込んでいるのは生産側の問題ではなく、需要が縮んでいるからだとしました。縮んだ需要に生産が合わせるしかないから生産量が縮み、非自発的失業が生じるわけです。発想の逆転は経済学における「コペルニクス的転換」でした。

▼ケインズの過ち

画期的だったケインズ理論も経済学会の中では次第に威光を失いました。理論と現実の両方から不備が指摘されました。

理論上の不備は主に三つです。

第一の、そして最も深刻な不備は価格メカニズムを無視していることです。供給が需要を生むという「セイの法則」によれば、商品が売れないのは価格が高過ぎるからであり、おのずと財市場の中で値下がりして適正な価格になり、売れるようになる。同様に労働者が失業しているのは賃金が高過ぎるからであり、労働市場においておのずと賃金の低下が起きて、適正な水準に調整され、雇われるようになる。つまり、価格メカニズムが市場で需給を調整するということであり、不況や失業は価格調整が終了するまでの一時的なものでした。

ケインズ理論は、この価格調整を無視しています。すでに見た『一般理論』による総生産の決定の仕組みには、価格調整の過程が入っていません。ケインズは価格の動きを止めて、理論を組み上げているわけです。新古典派の理論は、財の生産量は価格を調整弁とした需要・供給の一致で決まるとします。雇用量も賃金を調整弁とした需要・供給の一致で決まります。需要と供給が一致しているというのは、売れ残りも失業もないということです。したがって、価格を導入しないで総生産量を決めたケインズ理論は、画期的ではありながら、当然、「価格や賃金の調整はどうなっているんだ?」との批判を招きます。

結局、経済学会はケインズ理論に価格を導入する研究を進めました。新古典派総合（AD-AS分析とも呼ばれます）という理論です。これによってケインズ理論は、価格が調整されるまでの「短期不況」に適用されると理解されてしまいました。ケインズは不服だったに違いありません。ケインズの念頭にあったのは大恐慌のような長期不況だったからです。

理論上の第二の問題は、ケインズ理論が見た目には動学的な装いをしていながら、実はそうではないという点です。ケインズ理論は利子率を要に総生産を決定します。利子率は一定の時間経過を前提に設定されます。例えば「年率」5%の借り入れは、「1年後に」5%を増やして借り入れを返済する約束です。当然、1年間の時間経過が前提となります。利子率の導入はこのように、「時間の経過」の導入と同じで、「動学」なのです。ケインズ理論はこの点において不備でした。動学の体裁を取っていないため、どのように借り入れや返済がなされるのかが明らかではありません。その結果、「予算制約」が守られていないという致命的な欠陥が生じています。予算制約というのは、「所有資金の範囲でしか購入できない」という制約条件のことです。稼いだ以上には使えないという当たり前の制約です。借り入れをする場合の予算制約は、返済するときのことも合わせて記述する必要があります。ケインズ理論には予算制約の概念がありません。

政府による財政支出の派生効果によって、その何倍もの需要を生み、貨幣の裏付けがある有効需要を押し上げる効果を「乗数効果」と呼びます（77ページ参照）。この手品のような理屈には、当然、タネがあるのです。所有資金より多く使えて、返済のことを考えなくてよい設定なら、総生産量がどんなに増えることも可能です。

理論上の第三の問題は、「消費関数」を恣意的に設定することです。消費関数は市場価格による需要・供給の調整をせずに総生産を決定するのに必要な工夫です。消費関数の設定の仕方が効いてケインズの提案する経済政策の有効性が論証されます。ただ、それは安易で恣意的な設定に起因する結論でした。その恣意性が間違った結論を導くことになりました。始末が悪いことに、ケインズの消費関数はあたかも実際のデータから統計的に検証されるように見えるのです。だから、多くの経済学者はこれを否定的に捉えませんでした。私自身も小野氏に教えてもらうまで、気づきませんでした。ここにも絶妙と受け取れる誤謬《ごびゅう》が潜んでいることを小野氏は指摘しています。これについては次章で取り上げます。

現実面での問題点は、乗数効果などほとんど存在しないことがデータから実証されたことです。ケインズ理論からは効果的に見えた給付金や減税など、金の「ばらまき」政策はほとんど効果がないことが判明しました。

▼小野理論

宇沢氏のセミナーに参加した経験が、私を経済学に目覚めさせたことはすでに触れました。その時に抱いたテーマが二つあります。一つは、彼の提唱する社会的共通資本の理論を前進させることです。もう一つはケインズ理論を詳細に理解することでした。ケインズ理論については「貨幣理論」の側面に興味を持ちました。

ケインズの貨幣理論は貨幣需要と貨幣供給の均衡に依拠します。貨幣需要の背景には人々が貨幣を保有したいと望む「流動性選好」があるとされます。流動性は、貨幣の「いつでもどんなものとでも交換できる」という利便性のことでした。言い換えれば、「物事の決断を流動的にしておくことができる」性質ということです。人々が流動性を好み、それにって貨幣需要が生じるということです。それまで私は、貨幣の果たす役割を考えことは一度もありませんでした。昔の人間が、空気とは何かを知らないまま空気を呼吸していたように、重力とは何かを知らずに地面に立っていたように、私はお金とは何かを理解しないままお金を使っていたのです。そして「流動性選好」という魔術的な表現に私はすっかり魅了されてしまいました。さらにケインズの発想の源に「論理的確率」という新奇な確率論があることを知り、数学科出身の私はわくわくしました。

学習塾の講師を続けながら社会人として経済学研究科の大学院に進んだ私は、講義にひどく落胆しました。というのも、思いいれの強かったケインズ理論が、新古典派総合も含めて教科書の片隅におまけとして書かれている程度だったからです。水を差された気持ちでした。ケインズ理論が講義で語られることはほとんどなく、「終わったもの」「単なる古典」と扱われました。一方で、マクロ経済学では新古典派・経済成長理論の、微分方程式を土台にした動学理論が中心に教えられていました。ミクロ経済学では一般均衡理論、契約理論、ゲーム理論などの高度な「数学そのもの」の講義が行われていました。

「宇沢弘文」の名前も過去のものとなっていました。宇沢氏がケインズ理論を乗り越えようと格闘したことも、社会的共通資本の理論を提唱したことも、誰ひとり興味を持っていませんでした。この状況に私は意気消沈するばかりでした。

そんな中、小野善康氏の長期不況理論「小野理論」に出合ったのはその頃でした。『金融』

という彼の本〔17〕をたまたま手にしたからです。新古典派・経済成長理論を道具として使いながら、ケインズ的な不況理論をオリジナルに生み出した内容が書かれていました。

「自分の求めていたものはこれだ」と私は感じました。それをきっかけに小野氏の全著作をむさぼるように読み、勉強しました。勉強すればするほど、ケインズや宇沢氏が構築を目指した理論はこれに違いないと確信しました。幸運なことに間もなく、小野氏と交友関係を築くことができました。彼と直接議論することで、私のマクロ経済学に対する理解は根本から覆りました。

小野氏の論文のうち、小野理論（長期不況理論）以外のものは、そのほとんどが世界で権威ある学術誌に掲載されています。これは経済学者としての卓越した彼の実力を表しています。ところが、小野理論の論文はそうした上位雑誌に投稿しても、不採択になり掲載されないと本人は嘆いていました。マクロ経済学の専門家たちの保守性の現れだと私には思えます。きっと、ケインズにつながる不況理論にアレルギー反応を示すレフェリーが多数を占めるからなのでしょう。

リーマン・ショックで潮目が変わりました。徐々に、小野理論の論文が世界有数の学術誌に採択・掲載されるようになりました。頑なな新古典派マクロ経済学者さえ、リーマン・ショックによって保守的ではいられなくなり、長期不況の存在とそれを論証する小野理論を評価するようになったと私は見ます。優れた研究はいずれ認められるという学問世界の象徴的出来事です。

▼成熟社会の長期不況

小野氏が著した一般向け解説書の『資本主義の方程式』[18]を参考に、小野理論を見ていきましょう。

小野理論の柱は一国の経済を「成長経済」と「成熟経済」に分類することにあります。「成長経済」は生産能力がまだ低く、人々の消費水準も低い段階の経済です。1950年代～70年代の高度成長期のテレビや冷蔵庫、洗濯機などが普及し始めた頃の日本経済です。「成熟経済」は生産能力が十分に高くなり、国民が豊かな消費を享受できるようになった社会を指します。80～90年代の日本は一人当たりGDP（国内総生産）が世界上位に入り、成熟経済に到達したと考えられます。

小野理論は成熟経済では人々が「モノよりカネ」の嗜好を持ち、消費が足りなくなると論証します。「モノよりカネ」というのは、「際限のない金持ち願望」のことを指します。これが需要不足を生み、非自発的失業の源となるとします。その時に論証のポイントとなるのがデフレーションです。デフレーションは、継続的な物価下落のことです。一般的に長期不況はデフレーションを伴います。世界大恐慌でも、日本の失われた30年でも、リーマン・ショックでもデフレーションが観測されました。小野理論はデフレーションをカギに、長期不況を考察するところに特徴があります。

▼金持ち願望とデフレ

経済学は人々が「効用」をバロメーターに行動すると考えます。「効用」は快楽の程度を表す専門用語です。財やサービスの消費をするとき、人々はそれで得られる快楽の程度を比較して、何をどのくらい消費するかを決めます。それらの財やサービスの単価がいくらであるかも考慮されます。例えば、ビールとコーラが仮に同じ価格で売られていたら、高い効用を与えてくれる方を購入するでしょう。どちらの効用が高いかは人それぞれです。各人が消費の効用により消費を決めることを「消費選好」と呼びます。

「消費の効用」に対して、小野理論は「資産保有の効用」を考えます。資産は貨幣、株式、債券をイメージすれば十分です。要するにお金をためておく手段です。株式や債券でためておけば将来に配当や利子がつくのに対し、「資産保有の効用」は見返りを含みません。「資産保有の効用」は株、債券、貨幣などの資産を保有すること自体がもたらす快楽、つまり、「金持ち願望」を満たす快楽なのです。人々が資産保有の効用から資産の保有量を決めることを「資産選好」と言います。小野理論は消費選好と資産選好のバランスから経済の成り行きを考察します。資産選好に大きな役割を持たせることが他のマクロ経済理論と大きく異なる点です。

人々は所得を消費と資産に配分するとき、消費の効用と資産保有の効用の和が最適になるように決定するでしょう。成熟経済では人々が消費に満ち足りているため、資産選好が消費選好に比べて大きくなり、消費の水準に限界が生じます。こうなると、消費需要が生産能力をフル稼働させる水準を満たさないので失業が発生します。商品は売れず、失業者も発生するので、経済は継続的な物価下落（デフレーション）に陥ります。必然的に商品価格も賃金も低下せざるを得ないからです。成熟経済で強まった資産選好が、デフレーションをもたらすわけです。

注目すべき点は、デフレーションが起きると人々の金持ちの度合いが加速されることです。なぜなら物価の下落は、モノの値段が安くなることなので同じ資産の金額でモノを買える総量が増えることになります。例えば、100万円の資産を持っていれば、2万円のワインを50本味わうことができます。デフレーションによって同じワインの価格が1万円に下落すれば、同じ資産100万円で2倍の100本を味わうことができるようになります。これを経済学の用語で「資産の購買力が大きくなる」と言います。デフレーションは資産保有者をより金持ちにするわけです。

普通なら、デフレーションの下で大きくなった資産の購買力について、人々は一部を消費に回すことでしょう。そうなれば、増えた消費を賄うため生産量を増加させなければならず、新規雇用が生じることになります。雇用と生産が生じるので、デフレーションは少し緩和されるでしょう。デフレーションが続く限り、このプロセスが継続されます。いずれ完全雇用が達成され、生産能力がフル稼働し、デフレーションは終了します。これがいわゆる短期不況です。短期不況は、デフレーションのプロセスによって解消されます。市場経済の自動調整機能です。

「際限ない金持ち願望」を人々が持つ成熟経済ではこうはなりません。「いくら金持ちになっても満ち足りない資産選好」が人々を支配すると、市場経済の自動調整が機能しなくなります。デフレーションによって金持ちの度合いがいくら大きくなっても、増加した資産の購買力は消費に回されず、資産が積み増されるだけになってしまいます。生産能力はフル稼働することがなく、デフレーションが続き、失業が解消されないままになります。人々の資産の購買力はどんどん大きくなり、その追加的な購買力はすべて強力な資産選好に飲み込まれていくのです。

これが小野理論の長期不況のメカニズムです。

▼資産選好の証拠

「際限ない金持ち願望」の下では所得がいくら増えても資産保有に積み上げられるだけで消費には回らないという理屈が、小野理論がなかなか認められなかった理由です。

通常の経済理論は、資産保有は将来の消費のための備えであると見ます。だから資産保有そのものに効用があるというのは変だという批判が出てきます。小野理論にくみする私も「貨幣なんて単なる制度にすぎない」とある経済学者から言われたことがあります。小野氏は自分に寄せられた批判を次のように述懐しています。

「貨幣そのものに対するそれこそ守銭奴的な願望といったものは『非合理』だから、それをもとにした理論的考察などまったく無意味だ。あるいはそんな簡単な構造で不況など説明されるわけがない」[16]

小野氏は批判を受けて「それなら、私という人間は非合理だ。金はいくらでも貯まってくれればうれしいし、自分の土地は一生手放さなくてもその市場価値が上がってくれれば、それがいくら上がっても幸せで、適当なところでそれ以上はどうでもいいとは思わない」（同）。

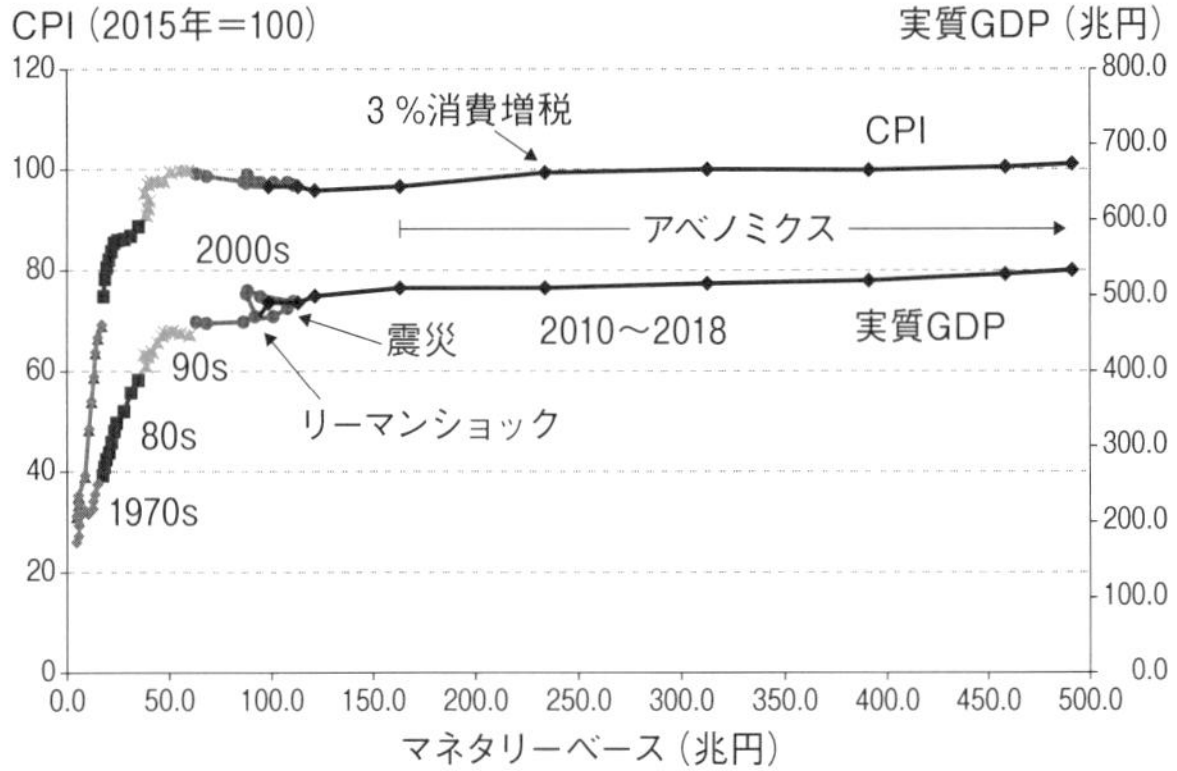

グラフ3－1　小野善康氏の作成による

小野氏から直接聞いた話があります。小野理論を思いついた当初に宇沢弘文氏の前で説明する機会があったものの、宇沢氏はほとんど関心を示さず、冷たくあしらわれたそうです。

日本が「際限ない金持ち願望」にはまっている証拠を小野氏はデータで示します。

グラフ3－1を見てください。横軸の目盛りは中央銀行による貨幣供給量（マネタリーベース）です。縦軸の目盛りは、左側に消費者物価指数（CPI）、右側に総生産（実質GDP）です。

各点には年が書いてあるのでそれに注目します。年代が1970年代、80年代と上がるごとに点が右に進んでいきます。それは、年代が上がるごとに貨幣供給量が増えていることを意味します。どんどんお金の量が増えてきたということです。

次に2本あるグラフの下のグラフを見てください。このグラフの高さは総生産量を表します。90年代を境にグラフの傾きが変わっていることに注目します。90年代まではグラフが右上がりになっているのは、貨幣供給量と総生産量が同時に増えていることを表します。90年代を過ぎるとグラフは水平になります。貨幣供給量が増えているにもかかわらず、総生産量が全然変化しないことを意味しています。

グラフが示すのは、日本が90年代を境にして成長経済から成熟経済に移行したということです。90年代まではお金（資産）が増えれば消費が増え、総生産量も増えました。90年代の後は、お金が増えてもそれをためるばかりで消費に使わないため総生産量が増えないことを実証しています。

▼小野理論の真骨頂

小野理論こそがケインズ理論を超えた真の不況理論であると私は考えます。理由は次の通りです。

第一に小野理論はケインズが無視した価格変化を取り入れていることです。詳しく述べると、価格調整のプロセスを導入しながらも「セイの法則」が成立しない状態が存在することを論証できたことです。

第二はデフレーションをきちんと記述し、それが不況にどんな役割をするかを明示したことです。デフレーションは資産の購買力を上昇させます。消費選好が資産選好を上回っている成長経済では不況は短期で終わります。これに対し資産選好が強く「際限ない金持ち願望」に支配された成熟経済では、不況が長期にわたり続くことを明らかにしました。

第三はケインズが中途半端な形でしか提示できなかった「動学」構造をきちんと提示したことです。小野理論は予算制約式を微分方程式として課し、その上で最適な動学経路を変分法によって導きました（113ページ参照）。

実は小野理論の最適経路は、かつてシドラウスキーという若い経済学者が導いた貨幣的経済成長モデルをベースにしています。彼の貨幣的経済成長モデルの論文は宇沢氏の指導の下で生まれました。それを発展させた小野理論に宇沢氏が全く関心を示さなかったのは軽視なのか嫉妬なのか分かりません。私にはとても残念に思えます。シドラウスキーはこの理論を完成後、若くして亡くなりました。

そして第四に不況を「動学的な定常状態」として生み出したことです。実はこれが小野理論の最も重要な貢献です。「定常状態」は、時間が経過しても経済が一定の状態にとどまって動かなくなることです。不況が定常状態であるというのは、まさに不況が長期にわたることを意味します。これこそが長期不況が存在することの論証です。

▼バブルは長期不況の兆し

第二章で資産価格が根拠のないままに上昇する資産バブルについて事例を挙げて解説しました。バブル崩壊後に往々にして長期不況が訪れることも述べました。ここで小野理論を使ってその理由を説明しましょう。

理由をひと言で言えば「資産バブルと長期不況は同じ現象だからだ」ということです。

成熟社会においては人々の興味が消費から資産に移ることを説明しました。資産選好が強くなるということです。人々は所得のほとんどを資産に積み増すようになります。資産価格は必然的に高騰します。例えば人々が所得で消費財を買わずに、株をこぞって買おうとすれば株価はどんどん上昇するということです。

資産選好が存在せず、資産が将来の消費のための貯蓄手段にとどまるなら、こうした資産価格急騰は起きません。資産は現在の消費と将来の消費を仲立ちしているだけで、資産購入の背後には消費の裏付けがあります。誰かが株を買うとき、それを売る人が存在し、その人が売る理由は将来に先延ばししてきた消費を実行するためだからです。これを考慮すれば、経済全体の資産価値の合計は、現在から将来にわたって生産されるモノの価値の合計に一致することが分かります。資産の価値とモノの価値の確かな関係がそこには存在します。

これに対し資産選好があると、消費の裏付けのない資産保有が起こり得ます。資産はただ保有するだけが目的で、「金持ち願望」を満たす快楽を求めるだけになります。このような快楽が膨れ上がると、経済全体の資産価値の合計は、現在から将来にわたって生産されるモノの価値の合計をはるかに超えます。資産の価値とモノの価値が対応しなくなるわけです。

モノとカネの乖離《かいり》は、人々が資産を売ってモノに変えようとすれば途端に化けの皮がはがれます。モノの総価値を離れているため、欲しいモノの購入ができなくなります。ところがそういう発覚は起こらないで済むのです。なぜなら人々は資産選好に支配され、資産を売って消費しようとは思わないからです。資産はモノの価値から乖離したまま膨張していきます。

しかし、そういうプロセスが永久に続くわけはありません。資産価格があまりに高騰すると人々は資産の信用性に疑いを持ち始めます。その途端、バブルの崩壊がやってきます。人々はわれ先にと資産を手放そうとするからです。これがバブル崩壊のメカニズムです。

バブルの膨張と崩壊のメカニズムが資産選好からくることを理解すれば、バブル崩壊後に長期不況が到来する理由も分かります。バブルの源泉であった資産への信頼が崩れたため、人々は「際限ない金持ち願望」を満たすために別の標的を求め、それが貨幣になるからです。

人々は資産選好を貨幣保有から満たそうとします。貨幣は政府が後ろ盾になっているため、最も信頼性の高い資産です。人々は所得を消費ではなく、貨幣保有に回します。これはモノが売れない状態を生み出し、物価の下落をもたらします。これこそがデフレーションです。

デフレーションは物価の継続的下落です。これを裏側から見れば、貨幣の価値の継続的な上昇になります。まさに「貨幣のバブル」と呼ぶべき状況です。長期不況はつまり、バブルの変種であり、強い資産選好がもたらす災いなのです。

▼限界効用と価格の関係

小野理論の方程式を解説しましょう。小野氏はこれを「資本主義の方程式」と名付けています。かなり数学的な解説になります。

「限界効用」についてまず一般的な説明します。というのも「資本主義の方程式」は限界効用で作られるからです。

限界効用の「限界」は「限界革命」の「限界」のことでした。すでに13ページで触れています。英語では Marginal であって、limit ではありません。誤解しないように注意してください。経済学用語における「限界」は「いっぱいいっぱい（limit）」ではなく、「ふちの部分をもうちょっと広げると（marginal）」という意味になります。

限界効用の例を挙げましょう。ビールを何杯飲むかをあなたは決めようとします。とりあえず、ビールをいくら飲んでもお腹いっぱいになることも酔っ払って気分が悪くなることもないと仮定します。ビールは1杯500円です。あなたは、次の1杯を飲むことで得られる快楽を金額で評価できます。当然、現在までに何杯飲んでいるかに左右されます。現在、0杯飲んでいる（全く飲んでいない）状態であれば、次の1杯（要するに1杯目）の快楽は相当大きいはずです。仮にそれを1000円相当だとします。このとき、1杯に支払う金額は500円ですから、あなたは1杯目を注文するはずです。500円を支払って1000円相当の快楽を得られるからです。現在が1杯飲んでいる状態であれば、次の1杯のもたらす快楽は減るでしょう。仮にそれを900円相当だとします。それでもあなたはもう1杯（2杯目）を注文するに違いありません。900円相当の快楽を500円の支払いで得られるからです。

このようにビールを飲んでいくと次の1杯のもたらす価値は900円、750円などとだんだん減少していくと考えられます。この現象を「限界効用逓減《ていげん》の法則」と言います。消費が増えると、追加的な消費によってもたらされる快楽（限界効用）がだんだん減少していくという法則です。あなたは、6杯飲んだ時点での次の1杯の与える快楽が450円相当になり、500円を下回ったとします。このときあなたは追加注文をやめるでしょう。500円の価格を支払って450円相当の快楽を得るのは損だからです。つまり、ビールの注文杯数は、初めて〈「限界効用」＜（価格）〉となった杯数に決まるということです。

この例ではビールは1杯を単位に注文する方法にしていました。次はほんの少量ずつ、例えば小さじ1杯ずつ注文できるとしましょう。このとき、次の注文で支払うのは微少金額 ε と考えられます。ε はギリシャ文字でエプシロンと読みます。こうなると、次の小さじ1杯のビールの与える限界効用は、支払う微少金額 ε とちょうど等しいと見なせます。つまり、

（限界効用）＝価格

という等式が成り立つまで消費を続けるということです。

経済学者のワルラス、メンガー、ジェボンズによる「限界革命」は、財の消費をこの限界効用と価格の等式から説明しました。

▼資本主義の方程式

小野理論における資本主義の方程式を解説しましょう。先に方程式自体を与えてます。それは、

$$\gamma(m,c)+\delta(a,c)=\rho+\pi \cdots\cdots（☆）$$

という方程式です。γ はガンマ、δ はデルタ、a はただのエーです、ρ はロー、π はパイと読みます。π は円周率の意味ではないので注意してください。初めて見る方程式は難解に見えるかもしれません。それでも説明を順々に聞けば、それほど難しくはありません。

記号の説明をします。左辺の $\gamma(m,c)$ は、貨幣を1円多く持つことで得られる追加的快楽です。貨幣保有の限界効用になります。小野氏はこれを「流動性プレミアム」と呼びます。左辺の $\delta(a,c)$ は、資産を一定期間1円多く保有することで得られる追加的快楽です。資産保有の限界効用になります。これを小野氏は「資産プレミアム」と言っています。次に右辺の ρ は、「時間選好率」と呼ばれる数値になります。今の消費を我慢することによって不満分をちょうど補うだけの将来の消費増分です。最後に右辺の π は「インフレ率」で、一定期間に物価がどのくらい上昇するか（下落する場合はマイナス）を表す指標です。以上の記号の名称を（☆）に

代入すれば、資本主義の方程式は、

(貨幣プレミアム)+(資産プレミアム)=(時間選好率)+(インフレ率)

になります。

なぜ方程式(☆)は成り立つかが大切です。

左辺の(貨幣プレミアム)+(資産プレミアム)は、限界効用の和です。前に説明したように、等号を作るには微少量 ε だけ増えることを基準に説明しなければなりません。ただ、それでは分かりにくいため「1円増」で代用します。

いま、貨幣を1円多く保有したとしましょう。そうすると貨幣プレミアム $\gamma(m,c)$ の分の快楽が得られます。さらに、貨幣は資産でもあるので、資産プレミアム $\delta(a,c)$ の分の快楽も加えられます。つまり、貨幣を1円多く保有することで、$\gamma(m,c)+\delta(a,c)$ の快楽が得られるわけです。貨幣プレミアム $\gamma(m,c)$ がどのくらいの快楽であるかは、現在保有する貨幣量 m と消費量 c に左右されます。貨幣量 m は貨幣供給量を物価で割った「実質量」です。物価で割るということは、それでどのくらいモノが買えるかを意味するので「購買力」に当たります。資産量 a についても同じです。

貨幣プレミアムが現在保有する貨幣量と消費量に依存するのは、ビールの限界効用がそれまでに飲んだ杯数に依存することと同じです。同様に、資産プレミアム $\delta(a,c)$ の快楽の水準も現在保有する資産量 a と消費量 c に依存しています。

1円の貨幣保有増は貯蓄に当たります。貯蓄には「消費を一定期間先延ばしにする」というコストが掛かります。このコストは二つの部分から構成されます。第一は「時間選好率」ρ です。あなたがビール1杯を飲むのを今日ではなく明日に先延ばしするなら、同じ価格で1・5杯飲めなければ嫌だと感じる場合、$\rho=0.5$ となります。明日までにビールが10％値上がりする（インフレ率）なら、それも補填《ほてん》してもらわなければ嫌だとなるでしょうから、結局、貯蓄のコストは0.5＋0.1と評価することになります。これを一般化すると、1円の貨幣保有増という貯蓄に対するコストは、$\rho+\pi$ となるわけです。

以上から、1円の貨幣保有増の与える利益（限界効用）は $\gamma(m,c)+\delta(a,c)$、コストは $\rho+\pi$ となるので、この二つは等しくならなければなりません。なぜなら、前者の方が大きいなら、得られる限界効用が犠牲にするコストを上回っているので資産を増やします。後者の方が大きいなら、貯蓄のコストが上回っているので現在の消費を増やすでしょう。したがって、バランスの取れた均衡状態では前者と後者が一致しなければなりません。これが方程式（☆）の意味です。

ここで小野氏は「インフレ率πは、モノの総需要量yが生産能力y^f（機械や労働をフル稼働したときの生産量、fは単なる添え字でfullを意味する）の乖離から決まると仮定します。その関係式が、

$$\pi=\alpha\left(\frac{y-y^f}{y^f}\right)\quad\cdots\cdots（☆☆）$$

という式です。係数αは物価調整の効率性を表す変数（パラメーター）です。総需要量yが生産能力y^fを上回っていれば物価は上がっていき（インフレ率πはプラス）、下回っていれば物価は下がっていく（インフレ率πはマイナス）と仮定されます。

▼成長経済の仕組み

方程式（☆）と方程式（☆☆）を用いて、成長経済のメカニズムを分析すると次のようになります。

通常の経済状態では、総需要量yは生産能力y^fと一致しています。方程式（☆☆）からインフレ率πは0です。したがって方程式（☆）は、

$$\gamma(m,c)+\delta(a,c)=\rho\cdots\cdots①$$

となります。物価は変化しないので、追加的な1円を貨幣で保有するときの効用（左辺）と一

定期間後に消費を先延ばしすることの補填《ほてん》分（右辺）が一致しているわけです。

ここで何らかの理由により、総需要量yが生産能力y^fを下回ったとします。このとき、方程式（☆☆）からインフレ率πはマイナスとなります。つまり、デフレーションが起きます。

したがって、$\pi<0$なので、等式①のm,c,aに対しては、

$$\gamma(m,c)+\delta(a,c)>\rho+\pi$$

という不等式にならなければなりません。このままでは資本主義の方程式（☆）が成立しなくなるので、m,c,aが変化せざるを得ません。成長経済では資産の購買力が大きくなると、その一部は消費に回されます。具体的には物価が下がるので、資産や貨幣の購買力が上がります。その結果、消費が増えることにより、総需要量yが生産能力y^fに近づき、方程式（☆☆）において、インフレ率πのマイナスの度合いが小さくなります。デフレーションが緩和されるということです。消費が増えてデフレが緩和されるプロセスはインフレ率πがマイナスである限り継続します。このプロセスは、消費が十分に大きくなって総需要量yが生産能力y^fに一致すれば、インフレ率πは0となって終了します。方程式は①式に戻るわけです。

これが成長経済における短期不況の自動調整メカニズムです。すでに言葉で説明した（51ページ参照）ことを資本主義の方程式から説明しただけのことです。

▼成熟経済の長期不況メカニズム

最後に小野理論の長期不況のメカニズムを説明します。

国民の貨幣保有量（これは中央銀行による貨幣供給量に等しい）が十分大きくなると、流動性プレミアム$\gamma(m,c)$が0になることをまず確認します。これはビールの杯数を十分に多く飲むと、1杯追加するときに得られる快楽がなくなることを想像すればよいでしょう。

これがいわゆる「ゼロ金利」に対応します。貨幣の1円増が与える追加的効用は限界効用の和、$\gamma(m,c)+\delta(a,c)$でした。一方、債券を購入して債券1円分を増やせば、一定期間後に利子がRの分だけ増えるため、その追加的効用は$R+\delta(a,c)$となります。バランスが取れた状態では、貨幣保有と債券保有は同じ効用を与えるはずですから、これらは等しくなければなりません。したがって、$R=\gamma(m,c)$となります。要するに流動性プレミアムは利子率に等しいということです。十分に大きな貨幣保有量（十分大きなm）の下では、流動性プレミアム$\gamma(m,c)$は0になり、ゼロ金利が実現されることになります。リーマン・ショック後に先進国で実施されたゼロ金利政策は、これを意味しています。

このとき、方程式（☆）は、

$\delta(a,c)=\rho+\pi$ ……②

と書き換えられます。

小野氏はここで、消費水準 c が十分に大きい下では、資産プレミヤアム $\delta(a,c)$ は資産保有量 a が十分大きくなっても0には近づかず、正の下限 $\bar{\delta}$ に張り付くと仮定します。こうなると資産保有量 a がそれ以上大きくなってもそれには反応しないため、資産プレミアムは消費量 c だけに反応する関数 $\bar{\delta}(c)$ となります。これは「過度なアルコール依存」状態です。ビール好きに例えてみるなら、ビールをいくら飲んでも次の1杯の追加的快楽は0に落ちずに、常に一定の快楽を与え続けるみたいなものです。こういう人は際限なくビールを飲んでしまうでしょう。これの「資産依存」版が「際限ない金持ち願望」なのです。専門的には「資産保有の限界効用の非飽和性」と言います。方程式②はこのとき、

$\bar{\delta}(c)=\rho+\pi$ ……③

に早変わりします。これが「成熟経済の方程式」に当たります。

重要なのは式③においてはインフレ率 π がマイナスでも、成長経済で見たような物価の変化による自動調整機能は働かないということです。インフレ率 π がマイナスなので、方程式（☆☆）から総需要量 y が生産能力 y^f を下回った状態にあります。これは消費量 c が生産能力を

フル稼働しない状態にとどまることを表します。つまり左辺は、総需要量yを生産能力y^fに一致させる水準ではないということです。このとき、デフレーションが起きるので、資産の購買力aが上昇します。先に見たように、資産プレミアムはもはやaの増大に無反応な値$\bar{\delta}(c)$に張り付いてしまっています。したがって、消費量cが一定値なら資産プレミアム$\bar{\delta}(c)$も一定値です。他方でインフレ率πがマイナスの一定値なら、③式の右辺も一定値です。③式は常に成り立っていて、資本主義の方程式（☆☆）はみごとに成立しているのです。

国民が消費や資産保有に合理的な行動をしていることを意味するのが資本主義の方程式ですから、どこにも非合理性はないまま消費水準が落ち込み、総需要量は生産能力に追いつかない定常状態を表しています。注目すべきなのは、ケインズが故意に無視した物価の変化をきちんと取り込んだ上で「セイの法則」が成り立たない状態を小野氏が論証したことです。これが彼の言う長期不況なのです。

式③を成立させるには次の条件が必要です。第一に消費量が十分大きいこと。第二に貨幣保有量が十分に大きいこと（ゼロ金利）。第三に資産保有量が十分大きく資産保有の限界効用がプラスの下限に張り付いていること。第四に総需要が生産能力に追いついていないことです。これらの条件が整うと、経済は長期不況にはまり脱出できなくなるのです。日本の「失われた30

年」はまさにこれらすべての条件を満たしていると言っていいでしょう。

第四章　見えざる貧困の解決

１９９０年のバブル崩壊後、日本では不況が続き、その間に貧困が広がっていきました。それは２００８年に起きたリーマン・ショックによって拍車が掛かりました。派遣社員を解雇する「派遣切り」、住居を持てずネットカフェで寝泊まりする若者「ネットカフェ難民」、正社員やフルタイムで働いているのに貧しい若者「ワーキングプア」、教育も職業訓練も受けていない「ニート」などの言葉が流行したのは記憶に新しいことです。

日本における貧困は、「はじめに」で説明したように「見えざる」という形をとっていることが特徴です。餓死するとか、病気の治療が受けられないといったほどではありません。それは社会が全体としては豊かであり、社会保険制度や生活保護制度などが整備されているからです。

「見えざる貧困」は人々の将来への希望を奪います。希望の持てない社会は、考えようによっては、貧しい社会よりも悲惨かもしれません。

私は１９６0年代に幼少期を送りました。当時は社会全体が貧しく、テレビや電話のある家庭は少なかったです。親は近所の家で電話を借り親戚と連絡を取っていました。子どもたちはテレビのある家に集まり皆で番組を観賞しました。当時の親たちも子どもたちも、そうした状況を不幸だとは思っていませんでした。社会全体が徐々に豊かになっていて、将来に希望が持てたからです。

　当時の日本は確かに、小野善康氏が言う「成長経済」を歩んでいました。

　現在の日本は「成熟経済」における不況の中にいます。政府の処方箋が間違っているため、経済は全く上向かず、「失われた30年」に沈んでいます。多くの若者たちは「見えざる貧困」にあえぎ、将来への希望を失っているように見えます。ケインズは『一般理論』で、「モノが有り余っているのになぜ貧困があるのか」と問題を提起しました。後の専門家にこれは「豊かさの中の貧困」と例えられるようになりました。この章では、「豊かさの中の貧困」に対処する政策について考察し、その処方箋を提唱したいと思います。特に宇沢氏の提唱した「社会的共通資本の理論」がカギを握っていることを明らかにします。

▼倹約と貧困

ケインズは「需要側の経済学」を提示することにより、不況下における「倹約の美徳」が社会悪であることを論証しました。総需要が総供給を下回っている状態で、人々が貯蓄を増やすために倹約に走ると、総需要と総供給の乖離《かいり》がさらに広がり、失業者が増加するということです。

ここで勘違いしてはいけないのは、倹約するのが自分一人なら目的は達せられるが、国民全員が同じ倹約行動を取るとそうはならないということです。総需要が減ることでそれに合わせた総生産も減少し、国民の総所得を減らします。豊かになるための貯蓄が所得を減らして国民を貧乏にするという皮肉です。この議論は「合成の誤謬《ごびゅう》」と称されます。「一人なら正しいが、全員合わさると正しくない」ということを意味する言葉です。これについてケインズの高弟であるジョーン・ロビンソンが上手な例え話で説明しています。

「群衆の中の誰か一人が椅子の上に立てば、行列をよく見られるようになるけれども、みんなが椅子の上に上がってしまえば、誰も前よりよく見えることにはならない」

この議論はケインズの消費関数に依拠するので、論証的には不完全です。ただ、小野理論でも同じ結論を導くことができるので、結論的には正しいと考えて差し支えありません。

問題なのは長期不況下では往々にして、社会全体が「倹約の美徳」という「合成の誤謬《ごびゅう》」にはまってしまうという点です。不況になると社会は「無駄」を敵視し始めます。「無駄」があるから不景気だと思い込むからです。政治家たちもそれに迎合します。そして彼らは公共事業から「無駄」を排除し始めます。公共事業は総需要の中の一項目ですから、公共事業をやめると総需要は減ってしまいます。こうして不況を悪化させ、社会をさらに貧しくするのです。

▼資産選好と格差拡大

「成熟経済」においては貧困だけでなく格差も広がります。内閣府が毎年実施している日本経済の調査について2002年から20年分のデータを参考に紹介します。格差を示す代表的指標であるジニ係数を労働所得について見ると、25～34歳の層を除くすべての層で低下しています。25～34歳の層は上昇しています。これは2002年から17年にかけて男性の非正規雇用比率が上昇し、労働時間が減少したことが背景にあると推測されています。

バブル崩壊後、小泉政権による構造改革の結果として、非正規雇用の割合が増加しました。そして正規雇用と非正規雇用の間で所得の格差が広がりました。男性の場合、正規雇用者の年間所得は３００万円台と５００万〜７００万円台のこぶが二つあるのに対し、非正規雇用では大多数が３００万円未満となっています。

格差拡大が資産選好から起きることを、小野理論から論証することができます。厳密な論証の方法は少し入り組んでいるため、ここでは概要を解説します。

第三章で説明した方程式③では、時間選好率ρは全国民で同一であると仮定して議論しました（マクロ経済学で「代表的個人」と呼ばれる標準的な仮定です）。ここでは時間選好率ρは個人で異なると考えて分析することにします。そうすると、時間選好率ρが大きい人（現在の消費を将来の消費より重んじる傾向の強い人）は、消費の便益（貯蓄のコストと同じ）$\rho + \pi$が貯蓄の便益$\bar{\delta}(c)$より大きくなるので、所得を消費に回したり、資産を取り崩して消費をしたりするでしょう。逆に時間選好ρの小さい人は、消費の便益$\rho + \pi$が貯蓄の便益$\bar{\delta}(c)$より小さいので、所得を貯蓄に積み増します。その結果、前者は資産を減らしていき、後者は資産を蓄積していくことになります。デフレ下では後者の資産は自動的に膨らみ、それが格差となって現れるということになります。

ここで小野氏は非常に重要な指摘をしています。このメカニズムで貧しくなる人に自己責任はないという点です。少し長くなりますが引用しみます。

「人々が初期に保有する資産の違いは、単なる運不運によって生まれる。たとえば、親がたまたま金持ちであれば、多くの資産を引き継ぐことができよう。さらに、成長経済なら仕事をしたいすべての人が職に就けるが、成熟経済の総需要不足の下では、たとえ同じ能力を持ち同じ努力をしても、誰かが正規に職を得れば、誰かが雇用条件の悪い非正規に就くか失業するしかない。このような運の違いによって初期資産や所得に格差が生まれ、それがその後の格差拡大に直結するなら、資産格差についての自己責任論が成り立たない。そのため、政策的な再分配が必要になってくる」〔18〕

現在の日本社会では自己責任論がまかり通り、貧困にあえぐ人々を努力しなかった結果だと批判し切り捨てる傾向があります。他方で貧困にあえぐ人々も自虐的にそれを受け入れる風潮があります。小野氏の言うように、資産の格差が成熟経済における市場メカニズムのなせる帰結であるなら、こうした批判と自己否定は根拠を持ち得ません。格差は単なる偶然の所産にすぎないからです。自分に責任のない格差は、政策によって解決するのが民主主義社会のルールだと私は思います。

▼ばらまきに効果はない

不況対策として政府が実施する景気刺激策は、おおよそ赤字財政による政府支出です。定額給付金、地域振興券、減税など単にお金を渡すタイプと、公共事業を実施して給与としてお金を渡すタイプがあります。

ケインズ理論はこれらの政策すべてに効果があるとされます。それは消費関数の設定の仕方に依存しています。これについて少し詳しく説明します。

いま、単純な消費関数を例に挙げます。

［消費］＝0.8×｛［所得］－［税］｝……④

という消費関数を考えます。所得から納税額を引いたものを可処分所得と言い、この式は国民が可処分所得の8割を消費に充てることを仮定する関数です。総所得は総生産と一致しており、総生産は家計、企業、政府のいずれかが利用します。したがって総生産は消費と投資と政府支出の和に分解できます（貿易は簡単化のため無視しています）。消費は所得（＝総生産）から投資と政府支出を引き算したものとなるから、それを左辺に代入し、

［所得］－［投資］－［政府］＝0.8×［所得］－0.8×［税］

となります。この方程式を［所得］について解けば、

0.2×［所得］＝［投資］＋［政府］－0.8×［税］

両辺に5をかけ算すれば、

［所得］＝5×［投資］＋5×［政府］－4×［税］……⑤

という等式が得られます。この式を見れば分かる通り、所得は投資だけでなく、政府支出と税に依存します。しかも5や4が係数にあることがポイントです。これらの係数が「乗数」と呼ばれます。

この等式からの帰結として、政府支出が1増えると所得は5増えるということが分かります。政府支出の増加は所得にその5倍の効果をもたらすということです。したがって給付金にせよ、公共事業にせよ、それは5倍の効果をもって所得にはね返ることになります。減税を1行う（［税］を1減らす）と4の所得増が見込めることも分かります。減税も所得増をもたらします。これらがいわゆるケインズの乗数効果と呼ばれるものです。

ケインズは『一般理論』で、「古いビンに紙幣を詰めて、適切な深さの炭鉱の底に置いて、それをゴミで地表まで埋め立て、人々に掘り起こさせたら、失業など起こらずに済む」ということを言っています。無意味な公共事業でも効果があることを例え話で述べているわけです。

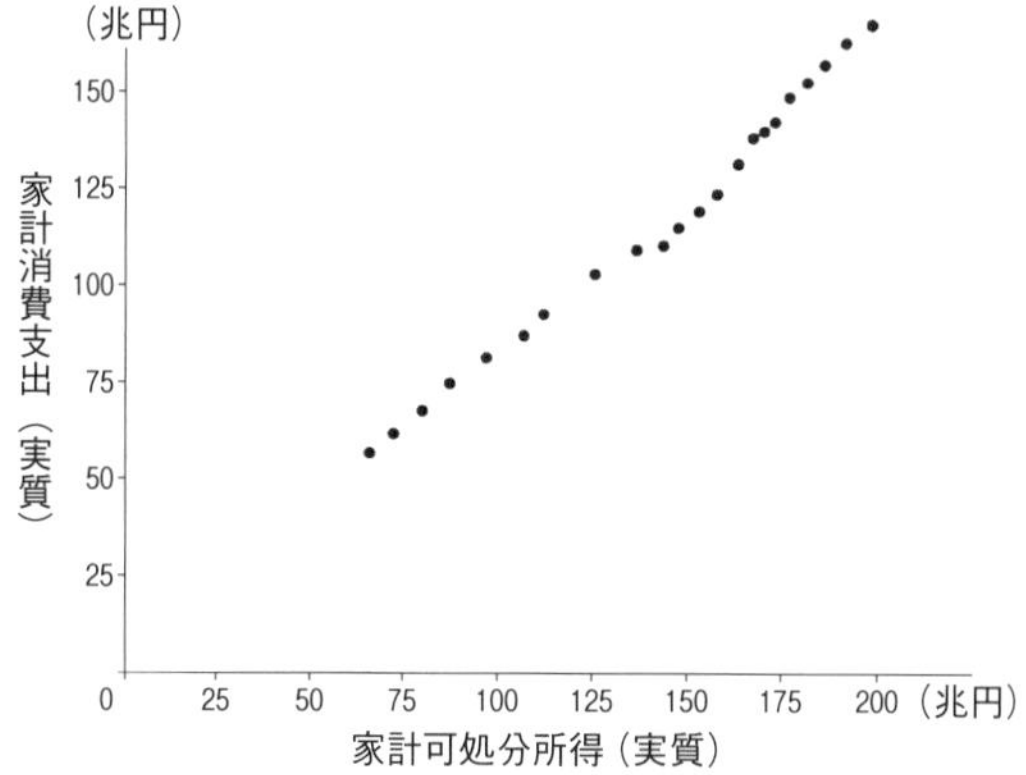

グラフ4－1　家計消費支出と家計可処分所得（蓑谷千凰彦『計量経済学』（第2版）東洋経済新報社より）

▼乗数効果は破綻

『一般理論』の乗数効果はもともとはケインズの高弟であるカーンが考えました。乗数効果は消費関数の設定に強く依存しています。『一般理論』の後、この消費関数を統計データから検証する研究が進められ、その存在が非常に有意に認められました（グラフ4－1）。だからこそ消費関数の設定は長い間、是認されてきました。

ただ、よく考えてみると乗数効果は論理的に破綻しています。これについての小野氏の説明を私なりの解釈で取り上げます。

非常に無駄な公共事業として次のような例を考えます。国民一人ひとりから10万円を徴税します。そして、役所まで出向くという「仕事」に10万円の所得を与える公共事業を実施します（ケインズのビンにお金を詰める例に倣いました）。考えるまでもなく、これは経済に何の効果も与えません。取られた10万円を役所から取り返したにすぎないからです。誰の所得も増えず、何の生産も行われません。国債を財源にして先に10万円の所得を与え、後で10万円を徴税して国債を償還しても結論は同じです。困ったことに、ケインズの理論ではこの公共事業は総生産を10万円×人口分だけ増やすのです。なぜなら、国民経済計算に政府支出として計上されるからです。しかしこれは、あたかも総生産が増えたかのように見えるだけです。これは国民経済計算の定義の不備による統計マジック、まやかしにすぎません。

ケインズの乗数理論は、このまやかしを消費関数を使って複雑化したものです。虚心坦懐《きょしんたんかい》に考えれば、単にお金を右から左に動かすだけで何かが生産されるわけはありません。お金の総量は同じなのですから、お金を移動すればもらった人が得して取られた人が損するだけです。国民全員で集計すればプラスマイナスゼロに決まっています。

▼小野理論の消費関数

小野理論でも消費関数が登場します。それはケインズの消費関数と全く異なります。そもそもケインズの消費関数は恣意的に設定します。それに対して小野理論の消費関数は資本主義の方程式から導かれます。具体的には67ページの③式と、64ページの（☆☆）式、つまり

$$\bar{\delta}(c)=\rho+\pi \cdots\cdots ③$$

$$\pi=\alpha\left(\frac{y-y^f}{y^f}\right) \cdots\cdots（☆☆）$$

から導き出されます。（☆☆）式の右辺を③式の π に代入して、c について解けば、消費 c を総需要 y と生産能力 y^f から計算する式が得られます（$\bar{\delta}(c)$ は一般的に複雑な関数なので、明示的に解くのは困難です）。このように解かれた関数を、

$$c=c(y; y^f)$$

と表すことにします。これが小野・消費関数になります。ケインズ消費関数と全く違うことが見て取れます。この小野・消費関数は、需要刺激政策に関して、ケインズ消費関数と全く異なる結果をもたらします。

第一に、ケインズ消費関数では効果があるとされた「ばらまき」政策、つまり給付金や減税が功を奏することは全くありません。なぜなら、小野・消費関数の中にそれらの項目が変数として現れないからです。

第二に、公共事業はケインズ消費関数と同じく景気刺激の効果を持つものの、それは全く

違った仕組みによるからです。ケインズ消費関数では政府支出が国民の所得を増やし、それが④式から消費を増やします。消費が増えるので新規雇用が生み出され、総生産が増加します。このことは⑤式からも直接に導き出せます。

一方、小野・消費関数では、政府支出によって総需要yが増加します。すると、総需要yと生産能力y^fの乖離《かいり》が小さくなるため、インフレ率πのマイナスの度合いが小さくなり、デフレが緩和されます。それによって（③）式から消費cが増加することになるのです。

これをまとめると、小野・消費関数を基本に考えれば、お金のばらまきは景気刺激にならないものの、雇用を生む公共事業は景気刺激になるということです。これまでの経済政策の経験からこの帰結は実証されたと私は判断します。

▼総需要が総所得を決定

先に述べたように、統計データからの検証（回帰分析）によって、「総所得（＝総生産GDP）が消費を決める」関数があたかも1次関数として存在しているように見えます（グラフ4－1）。ただ、回帰分析というのは因果関係ではなく、相関関係を表しているにすぎません。ですから「所得」を原因に、「消費」を結果に捉えることが正しいとは限りません。

実際、小野理論ではこの因果が逆になっています。「総需要」が「総生産」を決めることになるのです。この場合も「消費」と「総生産ＧＤＰ」は同じ相関関係を生み出すでしょう。つまり、実証分析と整合的です。ただ、因果が逆なので政策の効果は異なります。

私が強調したいのは、そもそもケインズが意図したのは「消費意欲の低迷（＝貯蓄意欲の増加）」が人々の所得を減らすことだったに違いないということです。「合成の誤謬《ごびゅう》」はそうしたロジックでした。しかし、ケインズ消費関数はこの発想に沿ったものではありません。小野・消費関数こそがケインズの意図したものだと私は考えます。

▼金融政策も効かない

ケインズは不況下の景気刺激策として、公共事業を実施する財政政策の他に、中央銀行が利子率を下げる金融政策を提案しました。利子率が下がれば、企業が資金を借りやすくなり、投資需要が増えるからです。ケインズ理論では基本的に投資をカギに考えているので、このような政策を考えるのはうなずけます。

小野理論によれば、低金利政策の効果も望めません。長期不況では総需要が生産能力から大きく乖離《かいり》しています。そもそも需要が見込めないのだから、企業が投資をして商品を作っても売れないことは目に見えています。資金の借り手はほとんどいないでしょう。実際、リーマン・ショック以降、日本銀行（日銀）がゼロ金利政策を取ったにもかかわらず、投資はほとんど増えませんでした。

この時期、安倍政権はアベノミクスと称して、日銀にインフレ目標政策を実行させました。「2％のインフレーションが達成できるまで貨幣供給を継続する」とする政策です。この政策も結局のところ、全く効果がありませんでした。

そもそも、長期不況は方程式③が成り立つ世界です。デフレーションによって資産の購買力aが増加するものの、長期不況下では資産プレミアムは無反応になっています（$\bar{\delta}(c)$に変数aが含まれない）。いくら貨幣供給量を増やしても消費は増えず、総需要は変化しません。だから総生産も増やすことはできないのです。

▼好ましい公共事業

不況下の景気刺激政策のうち、お金のばらまきには効果がなく、金融緩和も効果がありません。効果があるのは、雇用を伴う公共事業だけだということが分かりました。それでは、どんな公共事業が望ましいのかについて、小野氏の提案を見てみましょう。

現在の日本は成熟経済にあり、成長経済に効果的な「成長戦略」は全く効きません。むしろ、企業の生産の効率性を上昇させる政策は、逆効果でさえあります。なぜなら、生産を効率化させたり、生産能力を上昇させたりすると、総需要yと生産能力y^fの乖離《かいり》がさらに広がるからです。こうなると、（☆☆）式からデフレがさらに進行し、③式から消費をもっと減らすことになってしまいます。成長経済と成熟経済では政策の効き方が正反対になってしまうことに資本主義経済の皮肉があります。

政治家は成長経済の経験と知識をぬぐい去ることができないため、長期不況下でも「成長戦略」にふさわしい政策を立案しようとします。そうした政策の方が国民に対して自らが発揮するリーダーシップのたくましさをイメージさせたり、国民の倫理的感覚に訴えたりできるからでしょう。これは代表民主主義と選挙制度の抱える災いだと言えます。

成熟経済で有効な政策は「実需を生む財政支出」です。お金を移転させるのではなく、公的な財・サービスを民間事業の妨げにならない形で供給することです。総需要が生産能力に追いつかず、失業や稼働休止の生産設備に対して何もせずに放置するのは、それこそ「無駄」です。小野氏はこれらを「何もしないよりはまし」であるような使い方をするのは難しいことではないと主張します。そして公共事業の具体例に社会インフラ、教育、医療・介護、環境、観光、芸術などを挙げます。

▼社会的共通資本

小野氏の挙げる公共事業は、宇沢氏が「社会的共通資本」に分類し特別扱いをしたものに他なりません。宇沢氏が軽視し関心を示さなかった小野理論こそが、宇沢氏の最も大事に考えた「社会的共通資本の理論」を正当化することになったのです。とても皮肉なことです。宇沢氏が小野理論の研究報告を聞いたとき、内容を誠実に検討していれば自説をもっと強くし完璧にできたのにと私は残念な気持ちでいっぱいになります。

だからこそ宇沢氏の〝最後の弟子〟を自認する私が、小野理論を使って宇沢氏がすべきだったことを代わりに実行するのが使命であると思っています。

宇沢氏の提唱した「社会的共通資本」は、森林や海洋などの自然環境、道路・下水道・湾岸などの社会インフラ、医療・教育などの社会機関から構成されます。彼はこれらを順に「自然資本」「社会資本」「制度資本」と名付けました。

「市民一人一人が人間的尊厳をまもり、魂の自立をはかり、市民的自由が最大限に保たれるような生活を営むために重要な役割を果たす財や社会的装置」と規定しました。したがって、これらの社会的共通資本は市場原理に委ねられては駄目で、社会の共通の財産として社会的な基準に沿って管理・運営されなければならないとしました。利用に当たり混雑が生じないぐらい十分な供給が望まれます。

社会的共通資本の理論を分かりやすい言葉で言えば「カネよりモノ」ということになります。現在の政治は、生活保護や特別給付金に代表されるように、お金を右から左に動かす形で政策を実施しています。これに対し宇沢氏はこのような政策では幸せで安定した社会はできないと考えました。そうではなく税金によって自然資本、社会資本、制度資本を充実させることこそが人間らしい充実した社会を培うと主張しました。

「自然やインフラや教育・医療が大事なのは当たり前じゃないか。そんなことは分かっている」と多くの人は言うかもしれません。私はこれに反論をしたいと思います。

人々が社会的共通資本を重視しない顕著な証拠が「ふるさと納税」の寄付額の急増です。ふるさと納税は、居住地以外の自治体へ寄付をすることです。限度額以下なら住民税から控除され、寄付した自治体から返礼品を得ることができます。返礼品目当てに寄付額は膨張し、制度が導入された2008年は72億円だったのに対し2022年度は9654億円にも膨れ上がりました。このような寄付が繰り返されると、控除の分だけ寄付者居住の自治体への納税額が減少することになります。その影響により、都市部自治体の減収は無視できない額に達します。これが長期化すれば、税金が流出した自治体は公的サービスを削減せざるを得なくなるでしょう。自治体は環境整備、ゴミ回収、保育、初等教育、介護、催し物、医療、成人教育など多種多様なサービスを供給しています。

ふるさと納税の制度下ではもちろん、それを利用するのが最善です。利用しないと二重の損失を被ります。第一は返礼品による税の控除のチャンスを逃すこと。第二は自分が納税した居住自治体の劣化した公共サービスを受けることになること。居住地以外にふるさと納税したあなたの地域の居住者は逆に、あなたの納税した分の公共サービスの恩恵に浴します。

最善の行動としてふるさと納税をするのでその行為をとがめることはできませんが、人々は居住地の公的サービスにあまりにも無頓着です。

社会的共通資本の軽視が深刻な問題を引き起こすことを私たちは経験しました。新型コロナウイルスの感染拡大に伴う医療崩壊です。日本では感染者数の急増に保健所や医療機関の対応が追いつかず、多くの死者が出ました。原因の一つは政府がこれら機関の数を削減したためだと指摘されています。「失われた30年」の間に、政府は景気回復策を実施した際、財源確保のために増税を必要としました。増税の痛みを分かち合い国民に納得してもらうため、政府は公共事業を削減しました。併せて国と地方自治体で数字合わせの行政改革が進められた結果、公務員数の削減、医療機関のコストカットが実施され、保健所の数も職員数も減る結果となりました。コロナ禍における医療崩壊は、政治家ひいては彼らに投票した有権者が社会的共通資本の役割を軽視した結果だと言えます。

▼フランダースの犬の教え

ウィーダの小説『フランダースの犬』を私は大人になってから読みました。だからでしょう。この悲劇的な物語から別のメッセージを読み取ったのです。社会的共通資本の持つ本質的な役割についてです。

画家を志す主人公のネロ少年は、教会に展示されているルーベンスの絵を鑑賞することを望んでいました。教会は鑑賞料を取りました。貧しいネロ少年は夢にまで見るルーベンスの絵を見ることがかないません。ネロ少年の絶望感は、愛犬パトラシエに語りかける次のような文章に込められています。

「あれが見られないなんて、たまらないなあ、パトラシエ。貧乏でお金が払えないばっかりに！この絵を描いたとき、あの人は貧乏人に見せまいなどとは夢にも考えなさらなかったんだ

よ」〈ウィーダ〈村岡花子訳〉『フランダースの犬』新潮文庫〉

ウィーダはこの物語に、教会および優れた絵画の公共性についての願いを込めたのだと思うのです。教会やルーベンスの絵は社会の共通の財産であるべきで、「お金がないから見ることができない」のは言語道断だということです。教会は市場価格原理に染まってはならないと――。

では、ネロ少年は市場原理に従ってお金を稼いでそれでルーベンスの絵を見れば良かったのでしょうか。多くの経済学者はそう言うかもしれません。ウィーダは次のようなせりふでこれに答えています。

「あの一フランであれが見られたのだがな。だけど、ぼくにはどうしてもアロアの絵は売れなかったんだよ――あれのためでさえね」

ネロ少年は、友だちの少女アロアの肖像画を描き、その出来栄えに感心したアロアの父親が1フランのお金で買い取る申し出をしました。1フランがあればルーベンスの絵を見ることができます。ネロはそれを断ってしまいます。ネロにとってアロアの肖像画を描くことは収入を得るための行為ではなかったからです。この「人が仕事をするのはお金もうけのためとは限らない」という考え方が宇沢氏の思想にもあります。それは第七章で触れたいと思います。

▼公共財とは何か

主流派の経済学でも、公共的な財・サービスの理論は存在します。それは「公共財」と呼ばれ、サミュエルソンが最初に提唱しました。彼の公共財は「いったんある人に供給すれば、その人と同じ社会に住む他のすべての人々にも同時に供給する」という性質を持つ財・サービスのことです。この性質を「非排除性」と呼びます。財政学を専攻したマスグレイブは「ある財・サービスを複数の人々がお互いに消費する分量を削ることなく全員が同量を消費できる」と定義しました。これを「非競合性」と呼びます。現在は、「非排除性」と「非競合性」を別個に扱い、どちらの性質かあるいは両方の性質を持つ財・サービスを公共財として、理論的に扱っているようです。

公共財の例にサミュエルソンが挙げたのが「国防」です。このサービスはすべての国民が享受しているし、国民が増えても一人ひとりが享受できる量が減ることはありません。

主流派の経済学において公共財は「市場の失敗」と扱われます。公共財については市場の価格メカニズムがうまく機能しないためです。その理由は公共財の生産に関して市民が資金を供給する際、一人ひとりの「心の中の欲望」が素直にかつはっきりと示されないからです。

例えば、街灯の設置に住民がお金を出し合うことを考えてみてください。ある人は街灯があるととても便利だと思いながらも、他の人がお金を出してくれればそれにただ乗りしたいという誘惑にかられ、過小な金額しか申し出ないことが起き得るでしょう。これを「フリーライダー問題」と呼びます。私的財の場合は、消費するのは自分だけなので市場の価格メカニズムが効率的に機能します。他方、公共財は自分の拠出するお金が他の人の消費にも影響するので市場の価格メカニズムは効率的に働きません。これは、ふるさと納税のところで問題にしたことと同じです。

公共財の存在は「市場の失敗」を起こすとして、経済学では「やっかいもの」扱いされています。主流派の経済学は市場の機能に最大の信認をおいているからです。

社会的共通資本を公共財と差別化することに宇沢氏は腐心しました。非排除性や非競合性が彼のイメージする「公共性」とは外れた概念だったからでしょう。

「混雑現象」の存在が公共財との違いであると彼は強調しました。混雑現象とは社会的共通資本の利用が過剰になると負荷が掛かり、サービスの質が低下することを言います。例えば道路という社会資本は、たくさんの自動車が利用すると渋滞して効率が悪くなります。病院という制度資本も、皆が押し掛ければ待ち時間が長くなり不便になります。この性質は「非排除性」とも「非競合性」とも異なります。宇沢氏は社会的共通資本に関し、混雑現象を導入して効率的な供給量と課金を数学的に分析しました。

その一方で、社会的共通資本は基本的人権に関わる財・サービスだから、混雑現象が生じないほど十分な供給が望ましいとも宇沢氏は言います。前に提示した彼の定義をもう一度記します。「市民一人一人が人間的尊厳をまもり、魂の自立をはかり、市民的自由が最大限に保たれるような生活を営むために重要な役割を果たす財や社会的装置」。これに含まれる人間的尊厳、魂の自立、市民的自由などの用語は哲学の言葉です。社会的共通資本を考えるとき、伝統的な経済学から距離を置こうとしているのが理解できます。経済学のフォーマットに組み込めば必然的に、市場原理に巻き込まれることになると考えたからに違いありません。

経済学が公共財を「市場の失敗」と捉えるのとは対照的に、宇沢氏はむしろ、社会的共通資本を市民社会の基盤だと見なします。社会的共通資本は、基本的人権や市民的自由に関わる財・サービスだから、市場に委ねることが許されず、むしろその管理・運営によって豊かで安定した社会を作るべきだと考えたのです。社会的共通資本こそが幸せな社会を作るための経済原理であり、市場メカニズムはその補完にすぎないということです。私にはケインズの次の「コペルニクス的転換」に思えます。

▼貧困をなくすのはモノ

ここからは貧困をなくすための政策について考えてみます。

日本では生活の困難な人たちを生活保護制度によって救済しています。最低限の生活に必要なお金を給付する制度です。多くの経済学者は実物給付より良いと考えています。なぜなら、ある財が欲しいならそれをお金で買えばいいのに対して、欲しくない財をもらってもそれで別の欲しい財は買えないからです。

宇沢氏は現金給付には否定的でした。現金給付はおのずとインフレーションを引き起こし、かえって貧困層を増やしてしまうからだというのが根拠です。彼の説明を引用しましょう。

「いま仮に、市民の基礎的生活の具体的内容についてなんらかの社会的コンセンサスが形成されたとしよう。そのために必要な最低所得額を現行の市場価格体系のもとで、たとえば月額一人当たり五万円であったとする。そして、各人に対して最低所得額が五万円になるように所得保障がなされたとしよう。すなわち、所得額が五万円にみたない人々に対して、五万円になるまで所得補助をする。そのために必要な財源は累進性をともなう一般税収から賄われる。このとき、所得分配に影響を及ぼし、財貨・サービスに対する総需要額のスケジュールに変化をきたすことになる。一般に、低所得者層の基礎的生活にかかわる財貨・サービスに対する需要はふえ、高所得者層による選択的な財貨・サービスに対する需要は減少することになろう。したがって、基礎的生活を構成するような必需的な性格をもち、代替性のとぼしい財貨・サービスに対する需要のスケジュールは、上方にシフトすることになる。このような財貨・サービスに対する需要の価格弾力性は低く、しかも独占的なかたちで供給される傾向をつよくもつものであるから、需要のスケジュールのシフトによって、価格水準は上昇する。この上昇率は、問題とされている財貨・サービスの必需度が高く、代替の可能性が低くなればなるほど高いものになることは独占理論の示すところである。基礎的生活を維持するために必要な最低所得額はもはや一人あたり五万円では足りなくなり、最低所得水準を引き上げねばならなくなる。しかし、最低所得水準を引き上げたときには、上と同じようなメカニズムを経て、基礎的生活に必要な代替性の低いような財貨・サービスの価格はさらに上昇して、最低所得水準をさらに引き上げなければならない、という結果を生み出す」[9]

補足しましょう。例えば医療や教育などの必需財は、値上がりが通常の財より激しくなるため、現金給付だと必需財の購買力が低下してしまいます。そうなると、貧困層は当初の人数よりも多くなるだろうということです。だから現金給付ではなく、社会的共通資本の十分な整備によって生活を支えるべきだと宇沢氏は主張するのです。

小野氏は生活に困っている人には現金給付を推奨しながらも、総生産と雇用を上昇させる政策が大事だと言います。雇用が増えれば生活に困難な人が減るからです。生活保護を受けている人の多くは仕事に就くことで自信を取り戻し、自立した暮らしができるようになるでしょう。それについて彼はこう述べています。

「金持ちの資産が十分に大きくなれば、自分の資産に見合っただけの消費をしなくなる。その人たちは、資産が増えても資産を貯めること自体が目的となって、将来の消費需要の増加につながらないから、企業も設備投資をしない。他方、貧困層は消費意欲が強いが、保有資産が少ないために、そもそも消費できる量が少ない。そのため、経済全体での総需要が不足して、失業や非効率な低賃金労働が広がる。そのとき貧困層の人々が、自分の能力を磨いて一所懸命働き、所得を増やして貧困から抜けだそうと思っても、その能力を生かす職場がなかなか見つからなくなる。総需要不足は努力が報われる機会を奪って、敗者復活のできない絶望的な状況を生み出してしまうのである」〔18〕

そこで小野氏は総需要を増やす政策を提唱します。お金を国民に渡すのではなく、国民を積極的な消費に誘導する政策です。成熟経済の国民は普通の消費に満ち足りていて新しい消費を考えるのが難しい。それが資産選好にはまる原因の一つだと考えています。「自分で消費の方法を考えることが難しいなら、使わないカネを税金や寄付金として政府に渡し、環境、観光、安全、芸術、医療、介護、保育などのインフラやサービス拡充に使ってもらえばよい」と提案します。ここに列挙されている分野はすべて、社会的共通資本と考えることができます。小野氏は宇沢氏とは異なる観点から社会的共通資本の充実を提唱していることになります。

私の考えを本章の締めくくりとしましょう。

生活保護をお金で渡すのは貧困にあえぐ人に市場での購買力を渡すことです。確かにお金には「自由」があります。手持ちの範囲内で好きな物を購入できます。市場でのお金の利用にはもう一つのメリットがあります。「匿名性」です。市場においてお金で物を買う限り、誰が買ったのかは分かりません。「自由」と「匿名性」こそが、市場におけるお金の使い勝手の良さです。これが貧困層には欠点として働く可能性があります。お金を持つ「自由」は十分な知識があってこそ有効な働きをするからです。社会に関する確かな知識があれば、ギャンブルなどの浪費をやめて教育を受ける選択をするかもしれないからです。知識のない「自由」は、近視眼的な嗜好《しこう》から最適な選択を奪う可能性があります。「匿名性」は貧困な人々と社会との絆を切断する働きをするでしょう。スーパーマーケットで格安の食品を買って孤食をする生活よりも、境遇の似た人々やボランティアの人たちと一緒にする食事の方が社会的な絆を作れる分、ずっと人間らしいと言えます。人の助けを借りるのは不本意だと感じる人たちにはそういう人たちのためのシステムや制度を構築すればよいだけです。「はじめに」で述べた通り、日本の「見えざる貧困」の本質は栄養や健康の問題ではなく、「絆」から切り離された「孤独」の問題だからです。社会的共通資本の「共通」には「絆」の意味が含まれていると私は考えます。

第五章　値段のないものの価値

本章では社会的共通資本の一つである自然環境について考えます。

宇沢弘文氏が社会的共通資本の理論を創案する発端となったのは環境問題です。アメリカでの研究活動で、彼は主流派の経済学に批判的な姿勢を持つようになりました。これはすでに述べた通りです。アメリカがベトナム戦争にのめり込み変わっていくことに嫌気がさしました。そして日本に帰国する決断をしたようです。１９６８年のことです。

帰国した彼は日本がアメリカとは別の深刻な問題を抱えていることを知りました。それが環境汚染問題でした。高度成長を遂げた輝ける母国を想像していた彼はショックを受けました。当時の日本は、重工業の発展と自動車の急速な普及によって大気汚染が深刻化していました。窒素酸化物（ＮＯｘ）による健康被害が多数報告されていました。熊本県の水俣湾で化学工場の廃液による有機水銀中毒である「水俣病」の患者がたくさん発生していました。心を痛めた宇沢氏は問題の解決に向けて奔走するとともに、社会的共通資本の理論の構築に取り組みました。

「環境問題は格差問題である」であると宇沢氏は考えました。何度もこのことを私は直接聞かされました。例えば『自動車の社会的費用』〔7〕で展開した次のような主張が代表的です。

いま、高所得者の地域Aと低所得者の地域Bがあったとします。どちらの地域に道路を通すかかが政策選択の問題になりました。地域Aの人々は高所得者のために衣食満ち足りて、汚染に関する主観的損失は大きい（不効用が大きいということ）と考えられます。したがって反対の声が相対的に多くなり、選挙を踏まえた政治判断の結果、主観的損失の小さい地域Bに道路が通されることになるでしょう。こうなると、道路の公的利益は地域Aを含む周辺住民全員が享受する一方、低所得者の地域だけが汚染のデメリットを引き受けることになってしまうわけです。地域Bはそもそも所得格差で不公平を被っているうえ、環境汚染により実質的生活水準も低下することになります。ここに環境問題の不条理性があるというのが宇沢氏の考えです。

▼自動車の社会的費用

『自動車の社会的費用』が出版されたのは1974年でした。ベストセラーを記録し、自動車を利用することの弊害を社会に広める役割を果たしました。

宇沢氏は1970年にエコノミスト誌（毎日新聞出版刊）に「自動車政策は間違っている」という論文を寄稿していました。そこにこんなエピソードが紹介されています。来日したケンブリッジ大学の経済学者ミードは日本の自動車公害の現状に驚き、「道路を少しずつ狭くして自動車が通れないようにする。これが最も効果的な解決方法だ」と皮肉を述べたそうです。ミードはケインズの高弟で、イギリスの医療制度を作った経済学者です。このいきさつは第六章で解説します。

エコノミスト誌の中で、宇沢氏は自動車の急激な普及が「二重のインフレーション」を引き起こすという問題を指摘しています。「二重」の一つは、社会的共通資本の不足による供給能力の不足が起こす通常のインフレーションです。供給能力が低いと需要が供給能力を上回り、インフレーションが生じます。これは「成長経済」の特徴でした。大事なのは二つ目で、環境汚染によって不快感や病気が生じ、それは物価上昇と見なせるという点です。インフレーションは「同じ所得で少ない消費しかできなくなる」現象だと言い換えることができます。彼はその考え方を拡大適用して、環境汚染が起きると同じ所得でも生活の快適さが減少するため、インフレーションと同じであると結論付けたわけです。単なる「お金を基準とした価格」だけで経済を判断することを否定し、「生活水準」のような「値段の付けられないもの」にどうやって価値を付け判断するかを宇沢氏は深く考察しました。これは彼の研究を貫くテーマです。

▼ピストロジー

『自動車の社会的費用』の序章には、イギリスの経済学者ミシャン『経済成長の代価』[32]が紹介されています。『経済成長の代価』は国内総生産（GDP）が大きくなることと豊かになることとは同じことではないという主張が展開され、一世を風靡しました。そこに取り上げられているのが、後に「ピストロジー」と呼ばれる有名な寓話です。

いま、銃携帯の伝統的権利がある国を考えます。それはGDPにどんな効果をもつでしょうか。

銃が生産されるので、その額はGDPに加算されます。防弾チョッキの生産も盛んです。銃の暴発や銃を用いた犯罪によって死傷者が増え、病院や葬儀屋の所得が増えます。これもGDPを増やします。さらには、負傷に備えて保険の加入者が増えるため、保険契約も増加しGDPが増えます。学校ではピストルの訓練がなされるでしょう。果たして国民は幸せですか？とミシャンは問います。これが「ピストロジー」です。

「ミシャンは［中略］自動車をピストルに喩えてこの間の事情を説明している」と宇沢氏は述べています。実際、ミシャンはこの後、自動車の問題に対して語っていきます。

日本で暮らすようになった宇沢氏は「子どもたちはじきになれてしまって、あまり苦にしなくなったようであるが、毎日学校から帰ってくるまで、交通事故にあわないかと心配することが現在まで続いている」と嘆きの言葉を記しています。私の幼少期である1960年代には子どもの交通事故が頻発していました。私の記憶では学校で数人がいつも交通事故により入院していました。登校する子どもたちを親たちはあたかも戦場に送るかのように見ていました。私自身も交通事故に遭いました。道路は子どもの通学路や遊び場から自動車が占有する危険な空間に変わってしまいました。

宇沢氏の自動車批判は本の刊行当時もその後も多くの人々の反感にさらされました。自動車はとても便利でそれを否定することには納得がいかないという立場の人々からでした。当時も日本の基幹産業であったため就業者は多く、自動車産業を日本の象徴に思う人が大多数でした。私が大学教員になり、『自動車の社会的費用』を演習で輪読の対象に取り上げところ、学生の多くが不快感を表しました。運転免許を取り自動車を買うことが大人の仲間入りだと彼らは捉えていたからです。

もちろん、宇沢氏も自動車の利便性を認めています。ただ、自動車がその利便性を超えて及ぼす社会的な損害について適切に評価し、経済が自動車に過度に依存することを防ぐ意図がこの本にはあったのです。

▼生命の値段

経済活動が市場の外側に与える損害を「外部不経済」と言います。公害は典型的な外部不経済です。外部不経済を伴う現象について、第三者あるいは社会全体に及ぼす悪影響のうち、発生者が負担していない部分を「社会的費用」と言います。外部不経済および社会的費用を創案したのはイギリスの経済学者ピグーでした。「ケインズの前に経済学のパラダイム転換を果たしたのは誰ですか」と私は宇沢氏に尋ねたことがあります。彼は間髪入れず「ピグーでしょう」と答えました。ピグーが外部不経済の概念を経済学に導入したことを評価したからだと私は思います。外部不経済はすでに説明した通り、普通の経済学では「市場の失敗」と捉えられています。

『自動車の社会的費用』の主な目的は、自動車のもたらす外部不経済の社会的費用を現実に即して計測することでした。宇沢氏はまず、三つの計測例を取り上げます。今年生産された自動車1台当たりが与えた今年の被害の増加額という「限界的社会費用」を柱にして考察を進めます。「限界」は経済学用語で「もう一単位増やす」という意味です（59ページ参照）。つまり、限界的社会費用は「被害額が対前年度でいくら増えたか」を「自動車が対前年度で何台増えたか」で割った値になります。

1968年度における旧運輸省（現国土交通省）の試算では〈1649億円÷230万台＝7万円／台〉となっています。

自動車工業会の試算では〈6622円／台〉です。旧運輸省のたったの10分の1程度です。さらに野村総合研究所（野村総研）の試算は〈18万円／台〉で、環境汚染の費用も算入したのが前の二つと異なります。

どれも適切な試算ではないと宇沢氏は批判します。人命・健康・自然環境の損害は不可逆的であり、上記三つの試算はその不可逆性と不整合だからです。特に問題にしたのは交通事故の死者の被害額でした。死者についての被害額の試算は普通、ホフマン方式と呼ばれる計算方法が使われます。「亡くなった人が交通事故に遭わずに生存していて、平均寿命まで生きたら、どのくらいの所得を稼いだか」を計算します。将来の所得は適当な利子率で割り引きます。これについて宇沢氏は「ホフマン方式によって交通事故にともなう死亡・負傷の経済損失額を算出することは、人間を労働を提供して報酬を得る生産要素とみなして、交通事故によってどれだけその資本としての価値が減少したかを算出すること」だと批判します。さらに「もし仮りに、所得を得る能力を現在もたず、また将来もまったくもたないであろうと推定される人が交通事故にあって死亡しても、その被害額はゼロと評価される」とし、怒りをあらわにしました。こうした考え方は人間の持つさまざまな社会的・文化的側面を切り捨て、純粋に経済的な側面にだけ考察を限定し、希少資源の効率的配分をひたすらに求めてきた新古典派の経済理論の基本的な性格を反映するとまで彼は述べています。

宇沢氏の主導する環境保全運動の集会に私は参加したことがあります。市民に向かって「人の生命を金銭的に評価する経済学のやりかたに罪悪感があった。そういうことをしないで、社会的費用を算出する方法をなんとか考え出したかった」と彼は切々と話しました。その姿を目の当たりにして私は胸が熱くなりました。

▼1台あたり200万円！

実は、宇沢氏が試算した自動車の社会的費用は、何と！1台当たり200万円でした。こんな途方もない額をどのようにして算出したのでしょうか。

先の三つの試算では、基本的に自動車のための物的費用とそれによる物的損害を直接的・具体的に見積もって算出しています。交通安全のコストや、横断歩道橋の整備額、大気汚染損害額、そしてホフマン方式による交通事故死の損害額などです。宇沢氏の計算は、これらと全く次元の異なる発想から実行されました。

彼はまず、「自動車の利用によって市民が何を失っているか」と問題を設定しました。それは「市民の基本的権利」であると結論付けました。ここで市民の基本的権利とは「歩行の自由」です。歩行に対する需要は選択的というより、必需度が高く、そのために市民の歩行の自由は保障されなければなりません。道路はその意味で社会的共通資本です。自動車の通行によって人々の歩行の自由が侵害されないように道路の構造を変える必要があります。その費用こそが社会的費用であると考えたのです。

歩行の自由を保障する構造の道路について「道路の幅を両側に4メートルずつ拡げ、歩道と車道を分離し、その間に並木を植える」ことが最低限必要であると宇沢氏は考えました。

この道路整備の費用を〈15(万円／m^2)×2(万 km)×8(m)⇒24兆円〉と計算しています。これは、「1平方メートルあたりの用地費・建設費」に「道路の長さ」と「拡げる道幅」とを掛け算したものです。

この24兆円を自動車の台数で割った「1台あたりの費用」は1200万円になります。この金額を「市民が奪われている歩行の自由を回復する費用」と宇沢氏は考えます。ただし、この1200万円が自動車1台当たりの社会的費用ではありません。なぜなら、この24兆円を1回投じれば、半永久的に歩行の自由が保証されます。半永久的な将来をも保証する金額に相当するため「ワンショットの賠償」ではなく、「投資」の次元を持つ金額と考えるべきです。

そこで彼は1200万円を金融資産として運用したら、毎年いくらの収益を生み出すかを計算しました。それが〈1200×0.166＝約200万円〉です。掛け算されている0.166は、基準に選んだ実質収益率10％とインフレ率6％を合わせた金額です。第三章の小野理論で触れたように、利子率は時間選好率とインフレ率の和に等しくなります。投資は今期の消費を我慢して機械・設備に回すことですから、均衡では投資の実質収益率は時間選好率と等しくなると考えられます。したがって実質収益率とインフレ率を合計したものが利子率に一致します。つまり、1200万円の投資は年間に200万円の利子を生み出す運用だと考えられます。これは逆に、自動車1台の保有は歩行の自由のために、年間200万円の利子に相当する投資額を負担せず滞納する行為になるということです。この200万円が自動車1台当たりの社会的費用だと宇沢氏は試算し結論付けたわけです。

注目すべきなのは、この試算では失われた人命を金銭に換算していないことです。人命が失われることを自動車利用の前提条件としていません。むしろ、どうやったら人命が失われず、また、奪われている歩行の自由を回復できるかと金額を計算しています。歩行の自由という基本的権利を自動車を利用する側面だけから価値評価して、金額で表すにはどうしたらよいかを分析したといえるのです。宇沢氏の発想は一貫して「お金で買えないものの価値をどうやって測るか」ということにあったのです。

▼帰属価格とは何か

社会的共通資本に属する自然資本の理論的分析について、宇沢氏が多用したのは「帰属価格」という考え方です。帰属価格は「値段のつけられないものの価値評価をする」ための数学的技術です。自動車の社会的費用は帰属価格の考え方に則したものと私には考えられます。

実は、地球温暖化の原因物質である二酸化炭素の帰属価格についても宇沢氏は考察しています。

帰属価格は1870年代にメンガーが導入した概念です。メンガーは限界革命の立役者一人です（13ページなどを参照）。生産要素ないし生産物の価値を最終的な消費のプロセスを通じて生み出される効用の大きさに「帰属」して求めようとしたといわれています。

「社会的共通資本にかんしては、メンガーの帰属理論を動学化して、将来の世代に及ぼす影響を考慮にいれなければならない。すなわち、社会的共通資本の価値を、現時点における限界的な減少が将来の世代にどれだけの被害を及ぼすかということによって測る必要がある」[10]と宇沢氏は述べています。

帰属価格について数学的な解説を簡単にしましょう。

▼ラグランジュ乗数

帰属価格は数学における「ラグランジュ乗数」と同じです。ラグランジュは18世紀のフランスの数学者です。

数学では制約条件の下で関数の値を最大化する問題によく出くわします。「関数 $g(x, y)$ に対して $g(x, y) = 0$ の制約条件の下で関数 $f(x, y)$ を最大化せよ」といったタイプの問題です。

簡単な例として、「$3x + 2y - 5 = 0$ の制約条件の下で、関数 $f(x, y) = xy$ を最大化せよ」を見てみましょう。

この場合は、制約条件 $3x + 2y - 5 = 0$ から y を x の式で表して、xy の y をそれに置き換えれば、

$f(x, y)$ は x だけの関数（この場合、2次関数）に書き換えられます。後は1変数関数の最大化問題になります。この解き方は難しい制約条件の場合は通用しません。また、非常に見通しの悪い計算になります。ここでラグランジュ乗数法が威力を発揮します。

いま、L という関数を次のように定義します。

$$L = xy + \lambda(3x + 2y - 5)$$

これをラグランジュ関数と呼びます。要するに制約条件の関数（$3x + 2y - 5$）に係数 λ を掛けたものを最大化したい式 xy に加えるということです。掛けた λ がラグランジュ乗数と呼ばれます。この式を独立した変数 x, y, λ の3変数関数として最大化すれば、元の問題の解答が得られるというのがラグランジュ乗数法です。式が簡単なので、微分法を使えば簡単に解くことができます。

一般の問題「関数 $g(x, y) = 0$ の制約条件の下で関数 $f(x, y)$ を最大化せよ」については、〈$L = f(x, y) + \lambda g(x, y)$〉がラグランジュ関数、$\lambda$ がラグランジュ乗数となります。

ラグランジュ乗数 λ の役割を説明しましょう。これは制約を外れることに対する罰金（または報奨金）を意味します。そして、適切な λ^* の数値の下では〈制約 $g(x, y) = 0$〉を守るのが L

の最大化を意味します。この場合は制約が守られるので、L の最大化は $f(x, y)$ の最大化と一致するわけです。「最適値 λ^* が唯一存在する」というのがラグランジュ乗数法の帰結です。

その理由を直感的に説明すればこうなります。

λ をあまりに大きく設定すると制約 $g(x, y) = 0$ を守らずに、$g(x, y)$ の値がプラスになるよう制約を破ってしまえば、$f(x, y)$ を最大化しなくても L を大きくできます。逆に、λ をあまりに小さく設定すると、$g(x, y)$ の値がマイナスになるよう制約を破ってしまえば、$f(x, y)$ を最大化しなくても L を大きくできます。その境目にある最適値 λ^* に対しては、制約を破ると罰金の影響が大きくなって L を最大化できず、制約を守ることが L の最大化につながるという仕組みです。

このラグランジュ乗数の最適値 λ^* が、経済学の世界では帰属価格と呼ばれるものになり、「制約を破ることが $f(x, y)$ の最適値に λ^* 倍となって反映される」と言うことができます。まとめると、制約が $f(x, y)$ の最適値に及ぼす影響の、その価格みたいな役割を λ^* が果たすということです。だから λ^* は帰属価格と呼ばれるのです。

▼最適成長理論

帰属価格の典型的な使い方の一つを紹介しましょう。それは「最適成長理論」と呼ばれるものです。これは、最初にラムゼーが発表し、多くの研究の先駆けとなりました。

ラムゼーはイギリスの数学者で、ケインズの友人でした。数学では「ラムゼー数」と名付けられている有名な組み合わせ数学の公式を見いだしました。ラムゼー数はいまも研究されています。ケインズの博士論文『確率論』の誤りを指摘し、改修した理論を提出しました。これは現代的な意思決定理論の先駆けになりました。残念ながら、ラムゼーは26歳の若さで病死しました。

ラムゼーの最適成長モデルでは、財は1種類のみで消費もできるし投資もできます。消費すれば効用が得られ、投資すれば資本（機械・設備）を増加させ、将来の生産量を増やすことができます。最適な消費の経路を求めるには、与えられた制約条件を満たしながら現在から将来（この場合、無限の先）にわたる効用の総和を最大にすることです。

この場合の時点tの制約条件とは次の式で表すことができます。

（資本の増加）＝（生産量）－（消費量）－（減耗量）

これは、当該期の生産量からその期の消費を引き算し、その期に資本（機械・設備）が壊れた減耗量を引き算すれば、残りが投資になって資本の積み増しになるという当たり前の式です。これを次のように変形します。

（資本の増加）－（生産量）＋（消費量）＋（減耗量）＝０　……①

式①を制約として効用の総和を最大にする消費・投資の分配を求めるわけです。

前節で説明したように、これにはラグランジュ乗数法が使えます。すなわち、

L＝（消費の効用の総和）＋λ×（式①）

を最大化すればよいわけです（ただし、消費の効用は時間選好率で割り引きます）。その最適解に現れるラグランジュ乗数λ^*が資本の帰属価格と見なせます。つまり、制約①を緩めるとそれがどの程度、効用に反映されるかを表す「価格もどき」です。これは「その資本自体の実際の価格がいくらか」を意味するのではなく、「資本の変化がその何倍くらいに効用に反映されるか」を意味し、最適選択を経由して効用の水準で表されていることがポイントになります。人々の最適選択のプロセスを前提とした上での効用水準に帰属した資本の「価格」ということです。

この最適化問題を解くには、微積分を駆使しなければなりませんので、結論のみ簡単に紹介

します。

最適な消費・投資の経路は、やがては「定常状態」に到達して動かなくなる経路です。定常状態では、消費も投資も一定値にとどまります。この状態では、資本量は一定値になり、それが生産する財は、壊れた資本を補うだけの投資をし、残りは消費するわけです。

最適経路を記述する方程式は、消費の時間変化に関する微分方程式になっています。この方程式をラムゼーに見せられたケインズは、「ラグランジュ乗数法など使わなくても経済学的直観から導ける」と言いました。そして、（貯蓄のコスト）＝（貯蓄の収益）という意味を持つ解釈を述べました。この方程式は現在、「ケインズ＝ラムゼー公式」と呼ばれています。

「帰属価格を用いて動学的な最適経路を求めるとそれは定常状態に到達する」という発見は経済学的には非常に有用でした。例えば、第三章で紹介した小野理論は基本的にこの構造を利用し、定常状態としての不況を生み出しました。小野理論でも、（貯蓄のコスト）＝（貯蓄の収益）と解釈される等式が利用されたことが思い出されるはずです。

宇沢氏はこの手法を生かして地球温暖化を分析しました。

▼二酸化炭素の帰属価格

地球温暖化が現在のように重大かつ深刻な問題と認識されるかなり前から、宇沢氏は地球温暖化の問題に取り組みました。この問題の先駆者の一人だと言えます。気象学者のハンセンがアメリカの議会で地球が温暖化していると衝撃的な証言をしたのは１９８８年でした。宇沢氏は90年に毎日新聞のインタビュー記事で地球温暖化の問題を説明しています。95年に『地球温暖化の経済学』〔11〕『地球温暖化を考える』〔12〕を出版しました。

地球温暖化の問題は、地球の平均気温が上昇してさまざまな弊害がもたらされることを言います。原因は二酸化炭素、メタン、フロン類などの温室効果ガスが大量に排出され、大気中の濃度が高まり熱の吸収が増えるからだとされます。中でも化石燃料の使用で発生する二酸化炭素は温暖化への影響が最も大きいガスです。

地球温暖化の防止に二酸化炭素排出量の削減が提案されています。特に排出した二酸化炭素の量に応じて課税する炭素税の導入が有効だと考えられています。

経済学者の立場から問題解決に取り組んだ宇沢氏は、炭素税を各国のＧＤＰに比例させる「宇沢公式」を理論的に導き出しました。これを含め「地球温暖化などの環境問題に対処する理論的な枠組みとして社会的共通資本の概念を早くから提唱し、先駆的でオリジナルな業績を上げた」との理由で２００９年、ブループラネット賞（旭硝子財団が創設）を受賞しています。

宇沢氏が地球温暖化問題を社会的共通資本の理論から分析した経緯は次の理由からです。すなわち、大気は社会的共通資本の重要な構成要因であり、その価値は帰属価格の概念を用いて測ることができます。また、二酸化炭素などの温室効果ガスについても、その蓄積が社会的共通資本としての大気の価値をどれだけ低下させるかということによって、その帰属価格（正確には帰属費用というべきかもしれない）を測ることができるからです。

妥当な設定の下で最適成長の手法を使い、二酸化炭素の帰属価格について次の公式を得ました。

（時点ｔにおける帰属価格）÷（時点ｔにおける一人あたりの国民所得水準）＝ θ

ここで θ は、すべての国家に共通の数値となります。また、最適経路における定常状態では定数となります。

これによって各国の二酸化炭素の帰属価格はその国の国民所得水準に比例することが分かります。二酸化炭素の帰属価格に比例した炭素税を各国に課すのは自然な考え方です。炭素税は国民所得に比例させるべきだとする「宇沢公式」が導かれます。

宇沢氏が妥当な仮定の下で導いた各国の二酸化炭素の帰属価格は次のようになります。

日本は190ドル、アメリカが170ドル、カナダが160ドル、インドネシア4ドル、マレーシア18ドルなどです。

▼宇沢公式を導き出す

最後に「宇沢公式」を導き出す方法について概要を解説しましょう。

まず、二酸化炭素に関する時点 t の制約条件を作ります。

（二酸化炭素の増加量）＝

（生産活動による二酸化炭素の排出量）－（海に吸収される二酸化炭素の量）

です。これは大気中の二酸化炭素が一定の割合で海に吸収されることを式にしたものです。

他にも生産に関する制約式などがあります。それらの制約の下で、国民の効用を最大化する問題を考えます。

効用は、消費による効用と二酸化炭素濃度が上昇して起きる気候変動に関する（不）効用を掛け算したものと設定します。

（効用水準）＝（消費に関する効用水準）×（二酸化炭素に関する効用水準）

です。この効用水準に、各制約条件に帰属価格を掛けたものを加え合わせたものがラグランジュ関数で、それを最適化すればよいのです。

この最適化問題を解くと、前節で述べた通り、

（時点ｔにおける帰属価格）÷（時点ｔにおける一人あたりの国民所得水準）＝θ

の等式が得られます。ここでθは人口、社会的割引率（将来の価値を現在の価値に置き換えるために設定される値）、大気中の二酸化炭素が海に吸収される割合、人々が地球温暖化の影響をどの程度深刻に受け止めているかを表す指標、それと時点ｔの大気中の二酸化炭素量に依存する数値になります。

最適成長モデルのところで説明したように、このモデルでも最適経路ではやがて定常状態に到達します。この場合の定常状態とは、大気中の二酸化炭素量が一定になる状態です。したがって、生産活動によって排出された二酸化炭素がそのまま海に吸収されます。そして、生産量、消費量も一定となり、先ほどのθは定数になります。

二酸化炭素がもたらす気候変動という「値段のつけられない」災害について、宇沢氏は帰属価格を計算し、それをもとに最適経路が定常状態に収斂《れん》すると証明する一方、定常状態を生み

出す炭素税課税方法として「国民所得に比例した炭素税」を提案したわけです。

▼市場システムへの対抗手段

市場システムの持つ欠陥を宇沢氏は指摘し続けました。ケインズに傾倒したのも資本主義社会の不安定性を論証しようとしたところに魅せられたのが理由です。社会的共通資本という市民共通の財産がある限り、市場は効率的に機能することはないと宇沢氏は考えました。逆に市場が弱者に「牙をむく」ことに心を痛めました。失業、貧困、環境汚染、これらはみな「市場の暴力」あるいは「貨幣の暴力」と見なすことができます。

「貨幣の暴力」に対抗する手段を深く考えた結果、宇沢氏のたどり着いたのが社会的共通資本の理論です。社会的共通資本の管理・運営によって、「貨幣の暴力」を制御するということです。二酸化炭素の帰属価格もその一つです。

さらに「環境基準」も対抗手段だと宇沢氏は考えました。生産活動を市場に任せると、「お金もうけ」の論理が環境汚染を引き起こします。こうした「貨幣の暴力」に対して、環境基準の数値を厳密に定め運用することによって、市場システムに対抗できるより安定した市民社会を作ろうと考えました。「お金の額」と「環境基準」という二重価格制度の構想です。価格が一つだけだと市場は暴走する。だから二重の価格の相互作用で市場を制御する――という画期的な考え方です。

第六章　教育の自己言及性

マクロ経済学が誕生して以来、国の豊かさを測る指標はGDP（国内総生産）となりました。政府が目標にしているのは当然、GDPです。ではGDPは本当にふさわしい指標なのでしょうか。

第五章で紹介したミシャンのピストロジーは、巧みな寓話によって、GDPが必ずしも国の豊かさや国民の幸せの大きさを表すものではないことを教えてくれています。

アジア人で初めてノーベル経済学賞を受賞したアマルティア・センはGDPと異なる「社会の良さの評価基準」を考察しました。簡単に言えば、非常に多様な指標を用いて、「社会の良さ」を評価しようということです。当たり前と言えば当たり前の発想です。大事なのはこの主張の背景にとても深い哲学があるという点なのです。センは「潜在能力アプローチ」という考え方を用いました。

▼持ち腐れ

自転車を所有していても乗れなければ意味がないという話から解き明かしていきましょう。センの言う「潜在能力アプローチ」というのは、人間の持つ「機能」に注目することです。ここにおける「機能」とは、「成しうること」「行いうること」「なりうること」などと言い換えることができます。与えられた財や条件や環境を具現化する力を指します。

「自転車を所有すること」と「自転車を乗り回すこと」の違いをセンは挙げています。通常の経済学における財の観点では「自転車を所有していること」に単に注目します。ただ、所有者が「自転車を乗り回す」という力を持っていなければ、所有していても意味がありません。身体上の問題などで自転車に乗るのが不可能なら、所有はその人に何の価値も与えないでしょう。

さらに財の持つ多様な特性とそれを利用する機能の多様性の重要さについてもセンは指摘しています。例えば、パンという財でもその特性は多様です。「栄養素を与える」「一緒に食事をするのを可能にする」「社交的な会合や祝宴の要請に応じる」などといった特性がパンには備わっています。その上で大事なのは、これらの特性を具現化する機能です。それは「栄養に替える代謝率」や「体のサイズ」「年齢」「性」「活動水準」「医療サービスへのアクセスとそれを利用する能力」「社交会合の性質」「家族や社会におけるひとの立場」「季節的祝祭や冠婚葬祭の存在・非存在」「友人や親戚からの物理的距離」など、例を挙げればきりがありません。

社会の良さを評価する指標は、財の配分が与える効用の水準ではなく、これらの「財の特性を機能の実現へと移す変換」だとセンは主張するのです。これを「潜在能力」と彼は呼んでいます。この「潜在能力」に社会的共通資本の理論に相通ずる哲学を私は感じます。

「さまざまな機能を実現できる力」をもって、「暮らしの良さ」「社会の良さ」としようとセンは提案します。それが「潜在能力アプローチ」なのです。

このアプローチの実例として五つの発展途上国における「潜在能力」の国際比較をしました。インド、中国、スリランカ、ブラジル、メキシコの各国に関する六つのデータを挙げました。「一人当たりＧＤＰ」「平均余命」「幼児死亡率」「児童死亡率」「大人識字率」「高等教育率」です。これらを生死と教育に関する事項の「潜在能力」だと彼は規定し、比較検討したのです。「大人識字率」「高等教育率」は教育に関する指標で、「平均余命」「幼児死亡率」「児童死亡率」は医療に関する指標です。教育については本章で、医療については次章で考察します。

▼経済学者と現体験

センがノーベル経済学を受賞することになった専門分野は、非常に抽象的な数理経済学です。詳しく知りたい人は、拙著『使える経済学の考え方』〔22〕を読んでください。彼がこうした現実的な評価基準を考案したのには、彼自身の来歴と幼少期の経験に動機があります。

インド生まれのセンは1943年にインド・ベンガル州で大飢饉が発生した時期、そこで子ども時代を過ごしました。大飢饉による犠牲者は、推定で300万人という信じられない数に及びます。進路に初め考えていた物理学の道から変更し、経済学や倫理学、政治哲学へと彼が進んだのは大飢饉の原体験が影響したといわれています。

大飢饉で餓死したのは基本的に農村部の住民でした。食べ物を求めて大都市の旧カルカッタ（現コルカタ）に農民たちが移動したため、そこでも数千人に及ぶ死者が出ることとなりました。

飢饉の原因について公式な発表は「コメの不作」だとしています。センはこれが誤りであると主張しました。実際、飢饉の起きた1943年および前年の42年のコメ生産量は、前々年41年よりそれぞれ11－31パーセント多く、人口増加を考えて一人当たりに換算してもそれぞれ9－30パーセントも多かったのです。供給量は十分あったのです。

そこで彼が注目したのは１９４３年に生じたインフレーションです。当時のベンガル州では、軍事および民間の建設工事がそれまでに類を見ない規模で進められ、軍事費支出の多くが紙幣の増刷で賄われました。これが急激なインフレを引き起こしたのです。インフレはあらゆるものに比例的に働いたのではなく、大きなムラがありました。農村部の非熟練労働者の賃金とコメの交換比率（相対価格）は、１９４１年を１００とした場合、43年の1月には70、3月には44、5月には24と急落しました。農村部の賃金の上昇率は、コメの価格の上昇率に比べてあまりにも緩慢だったため、同じ賃金で買えるコメの量が激減したわけです。餓死者の多い職業の人々が、農村部の漁民と運輸業労働者だったことがこの事実を裏付けています。結局、この前代未聞の飢饉は食料が豊富にある中で、市場取引という経済システムが原因で引き起こされたということなのです。センが経済学の道に進んだ背景には、こうした不条理に対する憤怒があったと思われます。

著名な経済学者たちの一部にはセンと似た原体験を抱えています。宇沢弘文氏についても同じことが言えます。彼が安定した数学研究者の地位を捨てて経済学に進んだのは、戦後直後の日本社会の混乱に胸を痛めたからでした。

▼社会的共通資本の五つの特性

センの「潜在能力アプローチ」が社会的共通資本を考察する上で大きなヒントになるのではないかと考え、「社会的共通資本の五つの特性」を私は導きました。五つの特性とは「本来性」「言語性」「歴史的伝承性」「地域文化性」「技術性」です。これは宇沢氏の思想ではなく、私のオリジナルです〔40〕。

まず「本来性」について説明しましょう。

社会的共通資本は、人間が生存し文化的な生活を営む上で、最も基本的で重要な役割を果たす財・設備・制度です。したがって、人間の「本来的な在り方」に深く関わります。「社会資本」や「制度資本」については、考えるまでもなく理解できるでしょう。例えば学校教育は、人間という生物が、単に生まれたままの姿で野生に暮らすのではなく、人間として尊厳ある生き方をするために知識を伝承する、その中心的役割を果たすものです。医療は、人間が自分の生存を脅かす疾病やけがに対し、それを不運としてありのままに受け入れるのではなく、その原因を科学的に究明し、積極的に治療していきます。同じ意味で道路・下水道・鉄道などのインフラも、人間がありのままの自然を受け入れるのではなく、自然界に対峙《たいじ》したときの人間のひ弱さを補完するもので、いわば人間の生存それ自体を補強する矯正具だと考えることができます。

残る「自然資本」については少々難しいのですが、こう考えればいいでしょう。人間が相対する「自然」は「ありのままの自然」とは異なっています。「ありのままの自然」は人間にとって荒々しく脅威そのものでしょう。それに対して人間が認知する「自然」は、そうした「ありのままの自然」「生物学的な自然」を超越したものであると言うことができます。そして、それは人間の「本来的な」在り方と関わりを持っているのです。

このことを最も適切に理解するためには、ハイデガーの哲学が役に立ちます。ハイデガーは、人間の存在を他の動物や物の存在と区別して〈現存在〉という名称で呼んでいます。〈〇〇〉という記述方法は、ハイデガー固有の言葉遣いであることを意味します。動物や物が存在するとき、それは与えられた環境の域を超えることができず、狭い現在を生きることしかできません。それに対して人間は、現に与えられた環境を他の可能な環境と重ね合わせ、相対化し、現在の中にずれを生じさせて、過去や未来を開くことができます。人間はそのようにして、生物学的環境から〈世界〉へ〈超越〉することができる。そういう人間固有の在り方をハイデガーは〈現存在〉と呼んで、他の動物や物と区別しています。自然資本とは、単なる素朴なありのままの荒々しい自然ではなく、まさに人間の〈現存在〉的在り方を基礎にし、人間の「本来性」に深く関与したものだと言うことができます。

▼言語性

次に、社会的共通資本を「言語性」の面から捉えてみましょう。言い換えるなら、これは「コミュニケーションのための装置」ということです。

「自然資本」「社会資本」「制度資本」はどれも、社会で一緒に暮らす市民のコミュニケーションをサポートするものです。市民同士の交流の場合もあるし、専門家と市民、専門家同士の交流の場合もあるでしょう。いずれにせよ、人間が孤立して単独で生きているのではなく、一致団結して協力して暮らす社会であるからこそ社会的共通資本の存在は意味を持つのです。

このことから、社会的共通資本は「言語性」を持っているのです。

「はじめに」でも説明したように、現代日本における貧困や格差はコミュニケーションの問題から生じています。孤立や孤独は、貧困を増強し人を精神的にも肉体的にも追い詰めます。それを防ぐには社会的共通資本の「言語性」が重要な働きをします。

▼歴史伝承性と地域文化性

最後に「歴史的伝承性」や「地域文化性」について考察します。

人間の「本来的な」在り方は、過去のいかなる時代であっても、またどんな地域にあっても、その根本のところは不変です。さらには、人間の暮らしは旧世代と新世代が重なり合いを繰り返しながら進んでいきます。これらのことを考え合わせれば、社会的共通資本が「歴史伝承性」や「地域文化性」を持つことは指摘するまでもありません。

宇沢氏は「コモンズ（共有地）」という制度に注目しました。「コモンズ」をめぐってはハーディンの論文「コモンズの悲劇」が世の中に誤解を広めたことを彼は嘆いていました。「コモンズの悲劇」の要点はこうです。共有地への参入の利益は参入者個人が獲得し、参入によって共有地が荒れるコストは既存の利用者を含め全員で分け合います。したがって、利益がコストを常に上回ってしまい、フリーアクセスのため過剰な参入にさらされ、コモンズは必然的に荒廃するというわけです。これに対し宇沢氏は、コモンズはそもそもフリーアクセスなどではなく、特有の「掟《おきて》」によって統制されているから、ハーディンの考えは根本的に間違いであると指摘しました。コモンズはむしろ、自然環境と調和して豊かな経済活動を営むためによく工夫されたシステムだというわけです。実際、コモンズ研究が明らかにしたのは、コモンズはその地域の固有の自然の在り方を踏まえた上で、過度に毀損《きそん》せずに自然からの恵みを受けるための「掟」を設け、運営されているということでした。これこそまさに「地域文化的」です。さらに「掟」は前世代から後世代へと伝承されて守られていくので「歴史伝承性」を持っています。

かつて『エコロジストのための経済学』〔21〕という本を私は出し、意気揚々と宇沢氏に献本したことがあります。「興味深い本ですが、コモンズについての理解が間違っています」という厳しいコメントをもらい、自分の調査能力の不足を恥じました。

▼技術性の災い

社会的共通資本の五つの特性のうち特に異質なのは「技術性」です。

社会的共通資本は人間がその「本来的な」性向を実現し、尊厳ある暮らしをするために利用する財・サービスを創造する装置でした。そのために不可避的に「テクノロジー」に関わりを持つこととなります。例えば、人間の河川や森林の利用は必然的に、それらを加工し改造することにつながります。社会インフラはテクノロジーそのものですし、学校教育や医療などの制度資本もシステマティックな技術です。社会的共通資本は、このような「技術性」と無縁ではいられません。

逆にこのことは、社会的共通資本に解決困難な問題をもたらしてします。社会的共通資本が一度テクノロジーと見なされると、本来の在り方を逸脱して、さまざまな経済問題・社会問題の震源地となり得ます。それはひと言で言うなら「私物化」の問題です。

例えば、自然環境は資本主義の市場経済においても、また、社会主義の計画経済においても、工業生産による過度の技術的利用によって汚染され毀損された歴史を持ちます。ルーズベルト米大統領が大恐慌下で実行したニューディール政策（テネシー川流域にダムを造る公共事業）が、環境破壊的な財政政策であったことを宇沢氏は指摘しています。不況や恐慌が資本主義経済の宿命だとすれば、それを緩和するケインズ政策による財政政策が必然的に環境破壊的になってしまうことに彼は矛盾を感じていました。社会主義・共産主義の社会では、計画経済そのものに環境を毀損して利益を生み出す誘因が潜んでいることを問題としました。

学校教育や医療などの制度資本についても、そこに利潤動機や競争原理が持ち込まれることで、本来的な在り方がゆがんでしまうことを私たちはたびたび経験してきました。

このように社会的共通資本は、その「技術性」という側面を持つがために「私利私欲の追求」や「国家権力による特権的私物化」の道具として乱用されることが避けられず、市場原理、競争原理、官僚専権、国家権力的運用のどれによっても、その価値を毀損されることになってしまうのです。

▼何のための教育

「教育」の役割とは何でしょうか。教育に関する経済学の古典的なアプローチは「人的資本論」でした。これは、人間を「モノを生産する資本」と見なし、教育がその人的資本のポテンシャルを高めるとする考えです。この理論の代表的実証研究の一つは、高校卒業の収益率が1950年代のアメリカのデータでは16％、同時期の日本では10％と推定し、大学卒業についてはアメリカでは9・6％、日本では10・5％だと推定しました。

この「人的資本論」は適切ではないとの指摘も多くあります。日本の大学教育が学生の卒業後の生産性を上昇させるものではないと考える人も少なくないでしょう。そこで登場したのがスペンスの「シグナリング」理論です。

シグナリング理論では、高等教育の役割は学生から企業への「シグナル」だと考えます。学生がある種の訓練（生産性に無関係でもよい）に努力を払う能力があることを企業に知らせるために学歴はあり、企業はその努力を払う能力の有無で就業者を選り分けて賃金に差をつけるとするのです。つまり、学歴がたとえ生産性を保証するものではないとしても、何かの「シグナル」として利用価値があると考えるわけです。

スペンスはこの理論を「情報の非対称性」という概念を用いて「ベイジアン・ナッシュ均衡」という斬新な方法によって作り上げました。この業績で彼はノーベル経済学賞を受賞しています。

▼ボウルス＝ギンタスの対応原理

人的資本論やシグナリング理論とは全く異なる観点を打ち出した研究があります。ボウルスとギンタスの著した『アメリカ資本主義と学校教育』(37)です。

ボウルスとギンタスは「対応原理」を同書で打ち出しました。これは学校と企業の対応を意味する言葉です。彼らの主張は学校教育は個人の能力の開発とは無関係で、個人の持つ社会的背景を維持・固着させる働きをしているという大変過激な内容でした。それを実証するため、彼らは豊富な統計データを駆使しました。そして、学歴はほぼ所属階級に依存して決まり、潜在能力とは無関係であることを実証しました。

彼らは結論を次のようにまとめます。金持ちほど学歴が高くなる傾向があり、また逆に学歴が高いほど金持ちになりやすい傾向がある。しかも、それは実際のＩＱとはほぼ無関係である――と。要するに、上位階級になる原因を作るのが学歴であるけれども、そもそも学歴というのは社会階級の高さに依拠して決まるから、学校制度が階級固着の片棒を担いでいるということです。

反体制的とも言える視点を持つボウルスとギンタスの二人が主張する学校の機能は次のようなものでした。学校の教科成績はほとんど知能指数（ＩＱ）とは無関係であり、教科成績は「学校への帰属意識」「我慢強さ」「秩序を重んじる」「外から動機付けられる」などの性向と強い相関を持つ。反対に、「創造的」「積極的」「独立心」とは負の相関を持つ――。つまり、学校教育は従順さを評価し、またそれは企業の経営者が望ましいと考える従業員の性向とも一致する。これを「対応原理」と二人は呼びました。

私が初めて読んだ経済学の専門書は同書でした。これには大きなショックを受けました。幼少期の私は裕福ではない家庭で育ちました。それでも公教育を受け、大学に進学することができました。私が高等教育を受ける機会を得られたのは、まさに「教育のもつ平等化機能」なのだと漠然と信じていました。同書はそうした考えを根本から打ち砕きました。教育の平等性に対して抱く私の印象が統計的には全く正しくないということを思い知らされました。

ボウルスとギンタスのこの研究は「ラジカル派経済学」と呼ばれています。アメリカには珍しい社会主義的思想に依拠するからです。著者の一人であるボウルスは宇沢氏の弟子でした。ベトナム戦時下のアメリカでボウルスをはじめとする若く有能な研究者たちを見放して帰国したことに対し、宇沢氏は生涯にわたって悔やんでいました。その贖罪《しょくざい》の気持ちから同書の翻訳を引き受けたと彼は言っていました。「ラジカル派」とされたボウルスもギンタスも、その後はゲーム理論の専門家にくら替えしてしまいました。もともと高い数理的能力を備えている二人が経済学者として身を立てるためには仕方がなかったとはいえ、〝初心〟を貫かなかったことを私はとても残念に思います。

▼教育の統合機能

宇沢氏の教育に対する考え方は「人的資本論」とも「対応原理」とも全く異なります。社会哲学からのアプローチです。

ジョン・デューイの教育思想に彼は強く共感していました。デューイはリベラル派の学者で、教育に「社会的統合」「平等主義」「人格的発達」という役割を見いだしました。

「社会的統合」とは、若い人々が社会的、経済的、政治的、文化的役割を果たすことができるように育成することです。生まれついた社会的集団の枠から逃れて、もっと広い環境に積極的に触れる機会を与えるように配慮するということを意味します。

「平等主義」は学校教育が機会の平等化をもたらし、社会や経済体制の矛盾を相殺する役割を果たすことを言います。

最後の「人格的発達」は、一人ひとりの子どもがそれぞれ異なった潜在的能力をどのような方向にどう発達させるかを教育が担うという意味です。

▼教育の自己言及性

宇沢氏がくみするデューイの教育理論を考えるとき、私はセンの「潜在能力アプローチ」を思い浮かべます。センの要点は、自転車を所有していても自転車に乗れなければ意味がなく「自転車の所有」を「自転車の運転」に変換する能力の有無が豊かさだということでした。つまり、「財の特性を機能の実現へと移す変換」が大事だということです。

よく考えてみると、教育は多くの財・サービスについて「財の特性を機能の実現へと変換する」役割を果たします。教育がなければ、多くの社会的機能は使えなくなってしまいます。教育的題材が存在しているだけではだめで、それを血肉として使えるようにならなければ意味がありません。ここに、教育的題材が血肉として使えるには、教育そのものが不可欠だというジレンマが生じます。教育的題材の価値を理解するためには、教育されることが必要だということです。アイスクリームの消費やテーマパークの消費とは根本的に異なります。これらは消費する前から効能について想像がつきます。それに反して教育的題材の価値は、教育を受けた後に初めて理解できます。これを私は「教育の自己言及性」と呼んでいます。

例えば、教育にお金を払うのが嫌で、自由意志によって教育を放棄した人がいたとしましょう。この人が将来、何かの政治的な力によって窮地に陥りました。教育を受けてこなかったこの人は「この窮地は司法によって救済される可能性がある」ことを理解できないかもしれません。それだけではありません。もっと救いのない悲劇は、「司法によって救済される可能性を知らないのは教育を受けなかったからだ」という根本的な理由さえも、教育を受けなければ理解できないということです。これは「教育の価値は教育によってしか理解できない」という「自己言及性」のためなのです。

これは次のようなことと類似しています。障がいによって言語能力を持たない人がいたとしましょう。恐らくこの人は「言語によって何が可能になるか」も理解できないはずです。なぜなら、それを理解するのにも「言語」が必要だからです。このような「言語の自己言及性」と同じ問題として、「教育の自己言及性」もあるのです。

かつて、フリードマンという経済学者が『選択の自由』〔31〕という本の中で、教育クーポン制度を提唱しました。その目的は、子どもを私立学校へ進学させる親において、学校教育のための税金と私立学校の教育費との二重負担をなくすこと。それから、教育についての競争を学校に導入することです。つまり、クーポン制によって、教育の「選択の自由」を保証しようとする考え方です。彼はまた、高等教育についてこうも言っています。若者が高等教育を受ける際の必要条件は、その教育で得られる将来のより高い所得と現在の所得とを基礎として、必要な経費を喜んで若者が自己負担において支払うことだと。このような考えの背景にはフリードマンの平等主義に対する嫌悪があります。実際、彼はこう書いています。「アメリカにおいて公立学校制度が樹立されたことは、この国の自由市場体制という大きな海の中に社会主義の出島をこしらえることになった」

しかし、教育の自己言及性を受け入れるなら、このような考え方の誤謬《ごびゅう》は明白でしょう。親たちと子どもたちが教育クーポンをどう使うべきかをきちんと判断するためには、そもそも教育が必要だからです。

ちなみに、フリードマンはノーベル経済学賞を受賞した人で、宇沢氏のかつての同僚ですが、宇沢氏は終生、敵視していました。

▼消費の刺激にも教育が必要

第三章で取り上げた小野理論にも非常にユニークな教育論があります[18]。小野理論は「成熟経済」における需要不足が不況を引き起こすことを論証しました。不況を解消するには消費を刺激する必要性を説きました。その際に小野氏は次のように主張します。

十分豊かになった成熟経済では、生活必需品はほぼすべて手に入っているため、消費者が新たにお金を使おうとすれば知恵がいる。ここで言う知恵とは、限られたお金をどう割り振るかという配分の問題ではなく、そもそも何に使ったらいいかを判断する知恵のことである。それは同時に、消費をするのに調査、研究、訓練が必要になり、消費という行為が面倒になることを意味する。「成熟経済」においては、国は公的サービスを整備し、一方で市民は知恵を身に付けてこそ、豊かで広範な消費生活を送れる——と。

消費創出の可能性に美術や音楽などの芸術、歴史や文化の探求、スポーツ、観光などを候補に挙げます。人々がこれらを十分楽しむには訓練や情報収集が必要になると述べます。そのために学校教育でもこれらの基礎を学び、これらの消費の便益を享受できる能力を育てることを推奨し、生産性だけを重視した「理系偏重」「文系不要論」がいかに時代遅れかについても彼は指摘します。胸のすくような議論だと私は思います。

第七章　医療を基本とする資本主義

１９９０年のバブル崩壊をきっかけに日本は長期不況に陥る一方で、日本人の平均寿命は延び続けました。ＷＨＯ（世界保健機関）の２０２３年の統計では日本の平均寿命は世界第一位を誇っています。

宇沢弘文氏から指導を受けた経済学者の吉川洋氏は日本人の長寿の理由を三つ挙げています[36]。第一は一人当たり所得が大きいこと。第二は医療技術者の技術力が高いこと。第三は国民皆保険の存在です。

第六章でＧＤＰ（国内総生産）を経済活動の主たる目標にすべきではないと論じました。では何にすべきでしょうか。「健康寿命」にすべきだと私は考えます。どんなに所得が大きく、どんなにぜいたくができても、健康寿命が短ければ生涯は幸せとは決して言えないでしょう。だから私は医療を基本に据えた資本主義社会を提唱するのです。それが「医療ベース資本主

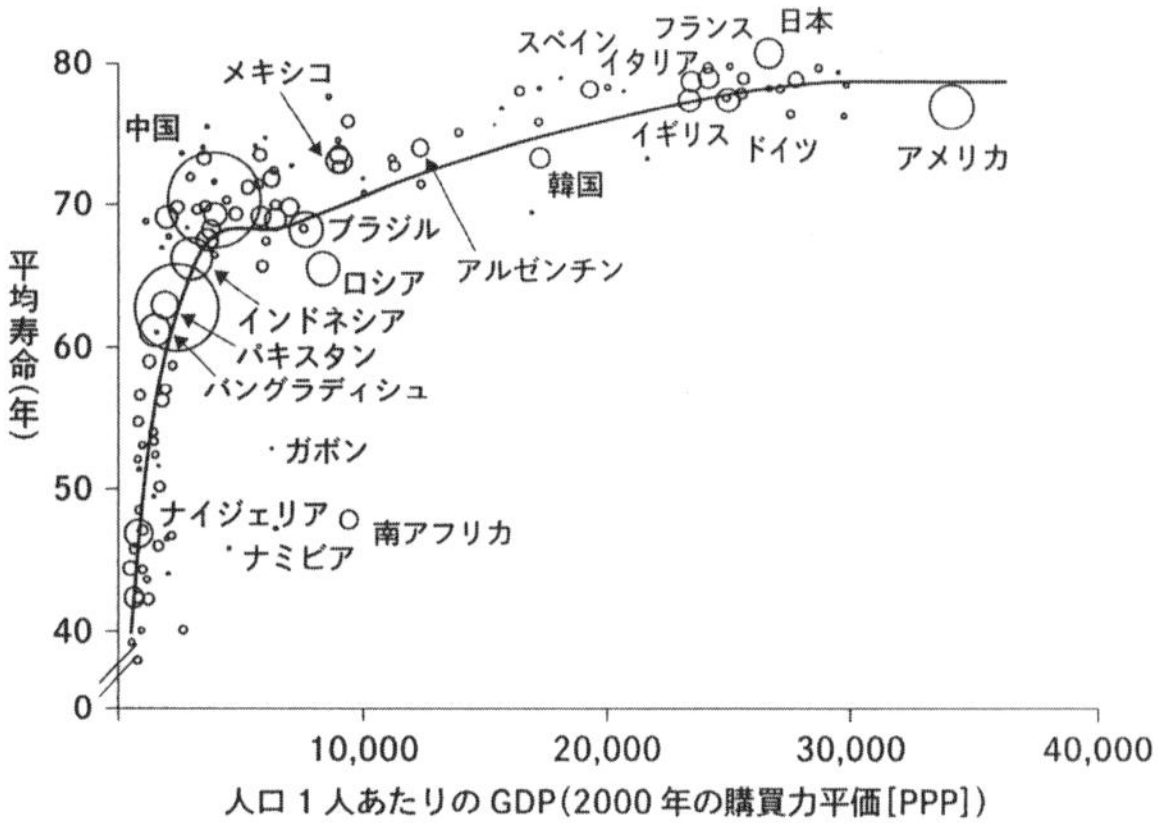

グラフ7－1　ブレストン・カーブ『世界一わかりやすい「医療政策」の教科書』より

義」です。

▼GDPと平均寿命

ＧＤＰは平均寿命に大きく影響する重要な要素です。プレストン曲線の名前を聞いたことがありますか。ひと言で言えばＧＤＰと平均寿命の関係をグラフ化したものです。よく知られてないと思います。

グラフを見れば分かる通り、ＧＤＰが低い国々（グラフの左側の国）ではＧＤＰの増加に対して平均寿命は大幅に延びます。他方、ＧＤＰの高い国々（グラフの右側の国）ではＧＤＰの増加に対して平均寿命は延びるものの、延びの程度は小さくなります。

ＷＨＯのデータから大まかな推定を試みた

ところ、ＧＤＰと平均寿命の相関係数は世界全体でみると0・85であるのに対し、先進国（ＯＥＣＤ加盟諸国）に限ると0・75に低下します。少し専門的ですが単回帰係数で見てもこの現象は同じです。プレストン曲線に示されるように、先進国においてはＧＤＰが平均寿命の延びにプラスの影響を与えるのは限定的であり、ＧＤＰ以外の他の要因がかなり関わることが推測されます。

平均寿命は社会体制とも無関係であることが分かっています。例えば吉川氏は、共産主義時代のソビエトの平均寿命は64歳だったのに対し、市場経済のロシアに移行したら57・6歳に縮んでしまったことを指摘しています〔36〕。資本主義制度や市場経済制度が必ずしも平均寿命にプラスに働くとは言えないわけです。

これらのことを考慮すると平均寿命を目標とする経済では、ＧＤＰだけではなく、他の指標を合わせて考える必要が出てきます。それは先に紹介したセンの主張（122ページ参照）とも一致します。財・サービスがどれだけ豊富かでは足りず、財・サービスを寿命に変える「潜在能力」の在り方が関わっているということになります。

▼英国の皆保険制度

皆保険の歴史をイギリスのナショナル・ヘルス・サービス（ＮＨＳ）から振り返ってみましょう。キーパーソンはやはり経済学者ケインズです。

イギリスには長い間、「ゆりかごから墓場まで」と評される社会保障制度が存在し、世界の模範とされました。チャーチル首相の命を受けた経済学者ベヴァリッジが「ベヴァリッジ報告」として１９４２年に創案しました。１９４５年に労働党が政権を取り、保険相に任命された彼が自ら政策を実現しました。

ベヴァリッジはプランを作るに当たり、ケインズに協力を求め、ケインズの弟子の一人で当時、内閣官房の経済部にいたミードが取り組むことになりました。ミードは後にノーベル経済学賞を受賞します。

ケインズとベヴァリッジの政策で最も注目すべきものは、ＮＨＳという医療保険制度でした。すべての国民（居留外国人も含む）を対象に原因を問わず、すべての傷病に対して無償の医療サービスを提供し、費用をすべて国家が負担するというものでした。

ＮＨＳは世界中に夢と希望を与えました。イギリス政府による医療費の抑制から、医療設備の老朽化や医師の国外流出などを招き、サービスの質の低下をもたらしました。１９８０年代にサッチャー政権による大規模な改革（改悪）を受け、その理念と取り組みは大きく後退しました。

それでもイギリスの皆保険制度は現在もイギリス国民の厚生に大きく貢献しています。マイケル・ムーア監督の映画『シッコ』（２００７年日米公開）は、アメリカの医療制度の貧困を告発した作品で知られます。途中でイギリスを取材した場面が挿入され、イギリスがいかに医療天国であるかが語られます。これは逆にアメリカでは病気にかかることがどんなに危険なことであるかを如実に示す結果となりました。

ＮＨＳの理念と目的には、資本主義市場経済の持つ不安定性、逆進性、不公正性の是正があったと考えられます。経済学の誇るべき歴史です。ケインズは優れた理論家であるとともに、有能な実践家の側面もあったわけです。

▼オバマケア対トランプ

アメリカは先進国のなかで唯一、皆保険制度を備えていませんでした。映画『シッコ』が描いた通りです。２０１０年、オバマ大統領によって医療保険制度改革であるオバマケア（ＰＰ

ＡＣＡ）がようやく制定されました。津川友介氏の『世界一わかりやすい「医療政策」の教科書』[29]を参考に、オバマケアを見ていきましょう。

アメリカ国民に占める無保険者の割合は２０１０年には16％（４９００万人）も存在していました。オバマケアによって15年には９・１％（２９００万人）にまで減少しました。アメリカの歴史にとってこれは画期的なことでした。

オバマケア以前のアメリカの保険制度は三つの保険によって成り立っていました。第一は65歳以上の高齢者、身体障害者、透析患者が加入する公的保険のメディケア。第二は貧困者が加入する公的保険のメディケイド。第三はそれ以外の国民が加入する民間医療保険です。65歳以上の高齢者に限っては皆保険が達成され、被雇用者の大部分は雇用主を通じて民間医療保険に加入している状況でした。他方で、メディケイドの加入要件を満たさない人、さほど貧しくないが民間医療保険に加入できるほど裕福でない人たちが無保険者になっていました。

オバマケアは第一に、メディケイドのカバー範囲の拡大、第二に、政府によって規制された民間医療保険市場と保険料に対する補助金、第三に、支払い能力のある人に対する民間医療保険加入の義務化と、それらを組み合わせて皆保険の実現を目指しました。

公的な皆保険がオバマケアで実現できなかったのは、被雇用者の多くがすでに民間医療保険に加入していたからです。公的な皆保険が実現すると、民間保険会社の倒産が予想されたため、政策の実行は政治的に不可能でした。一度選択された社会制度を撤廃する難しさの典型といえます。

２０１６年の大統領選挙で共和党のトランプ大統領が誕生しました。彼は選挙期間中、オバマケアの撤廃を主張しました。当選後のトランプにとって、アメリカ社会にすでに浸透しているオバマケア全体の撤廃は困難でした。上院の共和党の議員数も問題でした。民主党の協力なしには撤廃は不可能だったのです。彼が取った戦略を津川氏の本〔29〕を使って解説しましょう。

トランプは、「財政調整」という手続きを使うことで、オバマケアに変更を加えることをもくろみました。財政調整とは、既存の法律の予算に関わる部分だけに変更を加える方法です。これは議会の過半数で可決できるので、共和党からの謀反者を2人までに抑えれば、可決に持ち込めました。彼はこの方法で、オバマケアを実質的な撤廃に追い込もうとしたわけです。

ＢＲＣＡと呼ばれるオバマケアの撤廃・代替案を準備し、２０１７年後半にこれを可決しようとしました。投票の際、2人の穏健・リベラル派の共和党員に加えて、重鎮ジョン・マケインが反対票を投じました。その結果、法案は議会を通過しませんでした。マケインは、投票の2週間前に脳腫瘍《しゅよう》の手術を受けていたそうです。彼が反対票を投じたのは医療の恩恵を身を持って思い知ったからだと私は想像しています。

▼保険の成立要件

保険の仕組みに関する経済理論を簡単に紹介しておきましょう。

経済学では、保険加入はギャンブル参加の裏側に当たる現象だと考えます。ギャンブルは、還付金の期待値（確率的な平均値）は賭け金より必ず低くなっています。例えば、かつての競馬では100円の馬券に対する還付金の期待値は80円程度です。馬券の購入は100円を払って平均的には80円を受け取る行為です。残りの20円は主催者側（および税金を徴収する側）が獲得します。にもかかわらず、競馬に参加する人がたくさんいるのは、「変動に対する選好」が存在するからだと経済学では考えます。100円払って80円もらうことが「確実」なら、誰もそんな賭けには応じません。1000円になるかもしれないし0円になるかもしれない——という「変動」がある場合、それが平均的には80円の還付であっても好ましく感じる人がいるということです。変動を好む性向を専門的には「リスク愛好的」と言います。この性向は、賞金の効用に確率を掛けて足し合わせる「期待効用」というもので計測することができます。期待効用はフォン・ノイマンとモルゲンシュテルンがゲーム理論を作り上げた際に提示した概念です（[30]参照）。

公営ギャンブルでは人々のリスク愛好性を利用して国や地方自治体が収益を吸い上げています。大事なことは、この収益が強制的な徴収ではなく人々が喜んで提供しているという点です。競馬の馬券を購入する人々は「賞金の変動が与える快楽」をむさぼるために平均的には80％の還付となる賭けに「喜んで」参加しているわけです。賭けに参加する人が極めて多い場合、「大数の法則」によって確率的な平均値は「確実な」収益となります。したがって、主催者側は確実な収益を得られます。

保険はこれと正反対のからくりによって成立しています。多くの人々は病気に対しては「変動よりも確実を好む」性向を持っています。つまり、保険に加入しない場合、「病気になって治療費30万円支払うか、病気にならずに治療費支出が0円であるか」という変動にさらされます。これは「ゼロかマイナスか」という賭けなので、ギャンブルと正反対の現象です。このような「変動」は保険加入によって消すことができます。一定額の保険料を支払えば、病気になったときの30万円は保険金で支払われるからです。病気により失う額が確率的な平均値で1万円であるとしても、1万2千円の保険料によってその「変動」を打ち消すことができるなら、そちらを好む性向が存在するわけです。この性向を「リスク回避的」と呼びます。保険はこのリスク回避的な人々の性向を利用して成立しています。人々は病気による資産の変動を嫌うため、平均的には不利であるような保険にも喜んで加入します。それは逆に、保険運営組織に「確実な」収益をもたらします。

保険事業は国が運営する方が民間よりもコストを低くできるでしょう。国は原則的には利潤を目的としないからです。したがって、皆保険の方が民間保険よりも加入料を安くできると考えられます。私と浅野貴央氏の共同研究で次の性質が証明できました。民間の保険会社同士を競争させる場合、保険会社の新規参入は一社当たりの保険加入者数を減少させることになります。そうすると、各社の収益には大数の法則が働きにくくなり、おのずと保険加入料が高くなってしまいます。私たちの分析でも皆保険の有意性が示されました。

▼医療の特質

医療は通常の経済理論では私的財と公共財にまたがって分類されます。私は医療を私的財とも公共財ともいえない第三の性質の財だと考えます。それについて前出の津川氏の本〔29〕を参考に説明しましょう。

津川氏は、医療について次のような特異性を列挙します。第一に大都市圏でない限り、地域には同じような機能の病院が一つしかない。第二に急性疾患の場合、隣の県の病院に行くという選択肢はない。つまり「選択の自由」がない。第三に地域に根付いたローカルな市場なので競争原理が働かない。第四に病気の緊急性が高い場合は、じっくり考えて人に相談して慎重に選択することができない。第五に痛みや呼吸苦などがあると、冷静な判断ができない——と。これらの特異性を見ると、医療は私的財でも公共財でもなく、社会的共通資本に分類すべきだと理解できるでしょう。

社会的共通資本の観点から見て日本の医療の持つ問題点を宇沢氏は次のようにまとめます。医学的見地からの最適な診療行為が、経営の収支のバランスをもたらすものではないということがまず挙げられます。保険点数制の仕組みが足かせになって、診療報酬が低すぎ、技術水準が反映されなくなっています。そのため検査、薬剤、特定診療材料、輸血で黒字を稼ぎ出すゆがんだ構造に陥っています。さらには、（医師の）固定給であるべきなのに歩合制になってしまっている点も問題です。最後に、利潤的・営業的動機で行動がゆがめられてしまっています。特に薬価の優遇がこの傾向を強めています。実際、日本の医療費に占める医薬品の比率は30％強で、アメリカの11％、ドイツの17％を大きく上回っています。

▼望ましい医療制度

宇沢氏はこの観点から「医を経済に合わせるのではなく、経済を医に合わせるべきである」と主張します。医療は市民の健康を維持し、疾病・障害から自由になるためのサービスです。市民にとっては「権利」であり、政府にとっては「義務」になります。したがって医療制度は政府の都合によって運営されるべきではなく、社会的基準に基づいて運営されるべきだと彼は考えます。

それらを踏まえて宇沢氏は、医療を含む社会的共通資本の運営を官僚に任せず、職業的専門家が中心となり科学的知見に基づいて運営する仕組みにすべきだと提唱します。彼はこれを「peer review 的な運営」と呼んでいます。peer reviewとは、学問における「査読システム」のことです。多くの学術誌では、論文が投稿されると匿名のレフェリーが査読をして、論文の正しさと価値が評価される仕組みが導入されています。このシステムによって、学問のレベルが維持され、研究の発展が促されています。社会的共通資本の管理・運営について彼は、このような仕組みに期待を寄せたわけです。

官僚による経済社会の運営について彼は「官僚専権」と呼び、社会的共通資本を壊す制度だと批判していました。

ケインズ政策を政治家ではなく「賢明な官僚」によって運営すべきだと考えたケインズへの反感が宇沢氏にはあったようです。ケインズの考えをアメリカの経済学者たちは「ハーヴェイ・ロードの前提」と呼んでいました。「ハーヴェイ・ロード」はイギリス社会を支配する上流階級が暮らす地域の名称で、ケインズのエリート主義を皮肉った言葉でした。

私も、日本の官僚制度は日本をよい方向に導くことはないと考えています。それどころか、「失われた30年」の間に生じた日本の没落は、官僚の体たらくによるとも思っています。

官僚一人ひとりの資質ややる気に問題があるということを言っているのではありません。私は大学の学部や大学院でその後官僚になった人たちと多く交流してきました。財務省の研修講師を務め、若い官僚たちに講義をした経験が何度もあります。彼ら彼女らは皆、優秀で志も高かったように思います。にもかかわらず、日本の官僚が日本を劣化させるのは、官僚の昇進と成果評価の仕組みに問題があるからだと考えます。人材の問題ではなく、仕組み・態勢の問題だということです。

宇沢氏は官僚を見放して「専門家集団」に期待を寄せました。学者の組織の方が信頼できると考えたのでしょう。もちろん、学問の世界にも政治家にへつらい手先になる人はいます。また、私怨やねたみで正義にもとる行動をする人もいます。しかし、相対的に考えて、専門家の方がましであると彼は考えたのではないでしょうか。

水俣病の原因究明をめぐり東京の大学から来た学者がいいかげんな調査結果を報告したのに対して、熊本大学の学者が水俣病の原因は企業が海に廃棄した有機水銀であると真相をつきとめたことに、宇沢氏は学問の正義を見いだしていました。科学的真実を立身出世や私的利益より重んじて行動する人が学者の中に少なくないことに期待したのだと私は思います。

▼職業はカネを稼ぐものにあらず

新古典派経済学の労働者像に対する拒否感を宇沢氏は持っていました。新古典派経済学の労働者像は「できるだけ働かないで、できるだけ多くのものを消費する」です。それに対して彼は、労働の本質はそうではないと考えました。経済学者ヴェブレンの提唱する「製作者気質の本能（Instinct of Workmanship）」が宇沢氏の労働者像でした。

ヴェブレンは「制度学派」の創立者で、宇沢氏が最も尊敬する経済学者でした。宇沢氏は自分も制度学派に属すると考えていました。ヴェブレンは著書『製作者気質の本能』の中で、人間はものを作り、仕事をすることに対して本能的な性向を持っていると主張します。宇沢氏はこれについて「ヴェブレンのいう製作者気質の本能は、人間の本来的な性向であって、それは生きるということと、ほとんど同義に近い意味をもつものである」と書いています〔13〕。ヴェブレンが強調するのは人間本来の基本的性向としての製作者気質の本能が、近代産業社会でゆがめられ、その機能が著しく阻害され、逆に極めて反人間的な結果をもたらしていることでした。製作者気質の本能が金銭文化によって汚染され、私的利益と公共的利益とが完全に混同されることになってしまうとヴェブレンは言っています。

人はやむにやまれず仕事をしてしまう——。ヴェブレンの製作者気質の本能を私なりにそう解釈します。それは自己満足や達成感、人を喜ばせたいという気持ち、よいものを作り上げたいという美観などから導かれると考えられます。プログラマーの中には、ソフトウェアを構成するプログラム「ソースコード」を無償で一般公開する「オープンソース」を実行する人たちがいます。「オープンソース」を通じて誰もがそのソフトウェアを改良したり再配布したりすることができます。彼ら彼女らは全く見返りを求めていません。きっと「あったらいいな」「できたら面白いだろうな」「みんなで寄って集っていいものを作れたら」という動機でやっているのでしょう。これこそ製作者気質の本能が人間に本源的に備わっている証拠だと私は思います。医

宇沢氏の考える医療従事者は製作者気質の本能で治療に当たる人たちだと考えられます。

（択一回答）：内閣府の2017年度「高齢者の健康に関する調査」

年に数回	ほとんど会話をしない	わからない	不明	会話をする（計）%
—	1.1	—	—	98.9
0.2	0.6	—	—	99.4
0.7	0.8	—	—	99.2
0.7	3.0	—	—	97.0
—	13.1	—	—	86.9

療のような人命に関わる社会的共通資本は利潤動機ではなく、製作者気質の本能によって運営されるべきだということです。医療従事者が自らの能力と技術にかなう報酬を得られる仕組みがあることが前提なのは言うまでもありません。

▼医療ベース資本主義

医療の持つ特異性についてこれまで解説してきました。その上で私が主張したいのは「医療制度を中心に国の経済を構築するべきだ」ということです。基本的に人は健康で幸福な時間をできるだけ長く生きたいと願います。貧しかったり孤独だったりしたら幸せではありません。そうした状況では長生きはできないはずです。健康寿命が長いことは必然的に健康で幸せな長寿を意味することになります。

医療ベース資本主義には次の三つの点が重要です。

①市場取引に傾倒し過ぎず、社会的共通資本を中心に据える。

表７－１　家族や友人との会話がもたらす主観的な健康状態
調査対象は、全国の55歳以上の男女。

	ほとんど毎日	2～3日に1回	週に1回	月に1～2回
良い	90.1	5.2	2.1	1.5
まあ良い	87.4	8.3	1.4	2.2
普通	87.5	7.6	2.2	1.2
あまり良くない	79.3	10.3	3.0	3.7
良くない	67.2	11.5	6.6	1.6

②健康寿命を指標に、十分に余裕を持った社会的共通資本としての医療サービスを整備する。
③経済サービスとしての医療と、科学としての医療との緊張関係の間で適切なバランスを保つ。

人と人の絆やコミュニケーションはそこで重要な働きをするでしょう。表７－１を見てください。これは内閣府が２０１７年度に実施した高齢者の健康状態とコミュニケーションとの関係を調査した結果です。

他人と会う回数が少ない人ほど、健康状態は悪いと訴える比率が上がります。人は孤立すると健康を損なう傾向が見て取れます。すでに述べた通り、貧困の救済に現金給付は適切でないことが表からも分かります。健康寿命を延ばすためにはコミュニケーションや人々の絆が重要であり、社会的共通資本の充実こそがそれを可能にするのです。

第八章　シン・経済学の待望

経済学は20世紀に急速に発展し普及しました。専門家の数は膨大になり、ほとんどの大学で教えられています。一方で、経済学そのものについては「全く現実を説明できていない」とする批判が後を絶ちません。高度な数学をまとっているにもかかわらず、実際の経済や社会の現象に全く歯が立ちません。学生の多くも、大学を卒業するために仕方なく習う小難しい科目としか捉えていません。

宇沢弘文氏の市民講座で経済学に目覚めて経済学研究科の大学院に進学した私も、次第に期待が失望に変わりました。大学院で教わった経済学は高度な数学を駆使していました。順序集合論、トポロジー理論、動学的最適化理論、測度論的確率論、関数解析学、確率微分方程式などの分野です。大学の数学科を出た私にはそれなりに楽しいものでした。しかし、宇沢氏の思想に共鳴して「より良い社会」を考えるために大学院に進学した私は、肩すかしをくらった気分になりました。「経済学が経済法則の証明のために数学の力を借りている」というのならまだしも「単に既存の数学を経済学の用語に読み替えているにすぎない」と思えたからです。

この点について経済学者の森嶋通夫氏は著書『思想としての近代経済学』〔34〕で次のような辛辣《しんらつ》な批判をしています。ワルラスの一般均衡定理の証明は形式的にはスピノザの神の存在証明と全く同じである。神の存在さえ証明できるのだから、存在が保証された均衡解にどれだけの意味があるだろうか——と。スピノザは著書『エチカ』で「神が存在すること」を数学的に証明します。いくつかの公理（根拠なしに前提とすること）から論理的な演繹《えんえき》を積み重ねるユークリッド幾何学と同じ手法によってです。一方の経済学でワルラスは、与えられた価格の組み合わせの下で企業が利潤を最大化し、かつ消費者が効用を最大化し、かつ財たちが過不足なく取引される——価格の組み合わせが存在することを証明しました。森嶋氏はこの証明について「神の存在証明」と全く同じだと揶揄《やゆ》しているわけです。この森嶋氏は、宇沢氏と同じく主流派の経済学に反旗を翻した異色の経済学者として知られています。

▼フォン・ノイマンの苦言

数学者フォン・ノイマンと経済学者モルゲンシュテルンは1944年、いわゆる「ゲーム」

についての数学理論を発表しました。それが共著の『ゲームの理論と経済行動』〔30〕です。この画期的な本によって人々の社会的な行動、経済的な行動をどう「ゲーム」として定式化するか、その枠組みが完全に与えられました。

二人は同書で経済学について次のような評価を下しています。

「経済理論の普遍的な体系が現在まだ存在していない、たとえそのような体系がいつか展開されるにしても、われわれの存命中に完成させることはまずあるまい」

その理由はこうです。

「その理由は簡単にいうと、経済学というのはきわめて複雑な科学であり、とくに、経済学者が扱っている事実についての知識がきわめて限られ、その記述が非常に不完全なものであることを考えると、そうした体系はとても早急に構築できる状態にない、ということである。普遍的な体系を打ち立てようと試みているのは、おそらくこうした状態を正しく判断できない人たちであろう」

私の認識と全く一致しています。二人はさらにこうも言っています。

「経済のあらゆる現象を、しかも《体系的に》説明しようなどとしても徒労である。まずはじめに、ある限られた分野の知識をできるだけ精密にし、それに完全に精通してから、つぎにそれより多少広い他の分野にというように進んでいくのが健全なやり方というものである。またこのようにすれば、《理論》が全く歯が立たないような経済政策や社会改革に、いわゆる《理論》なるものを適用しようとする、あの有害無益な実践行為からまぬがれることにもなるであろう」

フォン・ノイマンとモルゲンシュテルンの推奨する分析方法が有望かどうかは別にして、少なくとも最後に述べている「《理論》が全く歯が立たないような経済政策や社会改革」という二人の理解は、いまだに正論であり続けていると私は思います。

フォン・ノイマンとモルゲンシュテルンがこうした経済学に関する重大な問題意識を前提にゲーム理論を作り上げたにもかかわらず、その後のゲーム理論の研究は複雑怪奇な構造と高度な数学様式の導入により、どんどん軌道からそれていったという印象が私にはあります。とても残念です。

▼物理学と経済学はどう異なるか

初期の経済学は明らかに物理学を模範としていました。ただ、その在り方は物理学とは全く異なっていることを早くに自覚すべきでした。物理学との違いは次の三点です。

第一は「実験ができない」ということ。例えば、ある政策が国民を不幸にするという仮説があったとしても、それを社会実験で確かめることは倫理的に不可能です。現象科学でありながら、実験ができないということは致命的な欠陥だといえます。

第二は、物理学は物理現象を記述するために新しい数学を生み出したのに対し、経済学ではそうした数学的成果は皆無です。

そもそも、ニュートンが力学を生み出し物理学の幕を開けた際、同時に微積分学を作り出しました。物理学の成立は同時に新しい数学の成立でもあったのです。ニュートンは惑星の運動という「動学」を記述するために、それ以前には存在しなかった微積分学も一緒に考え出したのでした（正確に言えば少し前にデカルトやフェルマーが肉薄していました）。

別の例も挙げましょう。量子力学を研究していたディラックは、量子現象の記述のために当時は定式化されていなかったデルタ関数を作り出しました。その後、デルタ関数は数学の中できちんと定式化され、シュワルツ超関数理論へと発展しました。ファインマンは量子の軌道を計算するためのファインマン経路積分を編み出しました。これは現在でもまだ数学的には定式化できていないようです。このような「数学さえも進化させる原動力」は経済学にはありません。

第三の違いが最も重要です。「法則の正しさ」の検証に関して、物理学は特有の方法論を完成させているのに対し、経済学はそうではないという点です。経済学が「数学モデル」と「データによる検証」を備えたため物理学と同じ水準に達したと信じている人がいるようですが、それは大きな勘違いです。

物理学のそれぞれの法則は、「数学の論理による演繹」と「データによる検証」だけを支えにしているわけではありません。もっと大切なことがあるのです。それは、さまざまな法則が相互に関連しあう「網目構造」を形成しており、その「網目構造」が法則の正しさを堅固に支えているということです。

物理学には力学のニュートンの方程式、電磁気学のマックスウェルの方程式、熱力学のケルヴィンの原理、統計力学のボルツマンの原理、量子力学のシュレジンガー方程式、相対性理論のアインシュタインの原理など、たくさんの方程式や原理があります。大事なのは、それらの法則が、単に個々に孤立した実験によって確かめられているばかりではなく、緊密に関連し合っていることです。複数の法則を組み合わせると、特有の物理現象を説明できたり予言できたりします。さらには、それらの現象が実験で検証されます。ニュートン力学と電磁気学の重なりの現象、電磁気学と量子力学の重なりの現象、量子力学と相対性理論の重なりの現象のように多くの原理が重なりの現象を持ち、それらが複雑な網目模様を構成しています。

この網目構造の利点は何でしょうか。それは、一度打ち立てられた法則は、簡単には覆せないということです。例えば2012年に「ニュートリノは光速を超えている」とする実験結果が報告され、相対性理論が間違っている可能性が指摘されました。多くの物理学者はこの実験結果を簡単に信じようとはしませんでした。実験の条件に何か見落としがあるに違いないと考えていました。なぜなら、もしこの実験結果が正しいのなら「物質の運動は光速を超えることはできない」とした相対性理論の原理が正しくないことになります。相対性理論の原理は他の分野の法則と絡めることで、あまりにもたくさんの事実や現象を説明することができます。それらの事実がみな崩れ去ってしまうことになるからです。

他方、経済学の方は「数学の論理による演繹」と、多少の「データによる検証」を備えているものの、物理学のような網目構造を残念ながら持ち得ていません。だから物理学の法則の数々が備えている頑強な真理性を持つには至らないのです。フォン・ノイマンはモルゲンシュテルンへの手紙の中に、「経済学は端的に言って物理学のような先進科学の現状から100万マイル離れている」と書いています〔38〕。

▼模倣すべきではなかった

経済学のつまずきは最初にニュートン力学を模倣したことにあったと私は考えます。ワルラスの一般均衡理論は「質点の力学」とそっくりです。ニュートンが力学を創造するために微積分を編み出した経緯から、ワルラスが「限界」概念を導入したかっただろう気持ちは理解できます。なぜなら「限界」概念は微分と同じだからです。

ニュートン力学の創造の背景には微積分よりももっと重要な要素があったことをワルラスは見落としたのではないでしょうか。ニュートンの分析の大元にティコ・ブラーエとケプラーによる膨大な天文観測データがあったという事実です。ニュートンは「生の現実」「実際のデータ」を出発点にしていたわけです。それに対してワルラスの一般均衡理論の創造にはそうした事実や観測データの積み重ねはありませんでした。一般均衡理論は出発点において、そっぽを向いていたのだと思えます。森嶋氏の痛烈な批判のように、「形而上学」以外の何者でもありません。フォン・ノイマンとモルゲンシュテルンも本〔30〕の中に、次のように書いています。

「17世紀の物理学、とりわけ力学の領域に生じた決定的な転換は天文学におけるそれ以前の蓄積があってはじめて可能となったのである。〔中略〕このようなことは、経済学では全く起こっていない」

重田園江氏の著書『ホモ・エコノミクス』〔24〕は、ワルラスがニュートン力学を模倣していた史実を明らかにしています。

「ミロウスキーの『光と熱』によると、ワルラスは1860年にすでに、経済現象を物理学の法則を用いて表現することに関心を持っていたようだ。このとき、ワルラスの構想は、ニュートンの万有引力の法則の単純な当てはめだった。それは、商品の価格は供給量に反比例し需要量に比例する、というものだった」

実際のワルラスの定理はこのアイデアよりかなり洗練されましたが、それでもやはり、ニュートンの模倣の域を出ないように私には思えます。

「質点」は物理学の用語で、運動する物質を単なる「点」と見なしたものです。質量を持った点なので「質点」です。質点の運動は、惑星や大砲の弾などの軌道を分析する上では有効なデフォルメ（変形）です。社会という人間の集まりを分析するには適切とはいえません。人間を無理やり質点と見なすために、経済合理性だけを動機に利己的に行動する「ホモ・エコノミクス」という荒唐無稽《こうとうむけい》な人間像をこしらえるしかなかったわけです。宇沢氏はこのホモ・エコノミクスという見方を嫌悪していました。

宇沢氏の異色の論文があります。「ワルラスの一般均衡の存在定理」が数学における「不動点定理」と同値であるという論文です。ワルラスの一般均衡定理は、20世紀のアローとド・ブリューが完成させました。基本的に「企業と消費者の経済取引を高次元ユークリッド空間の点として定義し、順序集合として与えられた主体たちの選好を最適化する点が、生産面で実現可能な点として存在する」という形式でそれは与えられます。証明には「不動点定理」（ある条件を満たす対応$f(x)$には$f(\alpha)=\alpha$を満たす不動点αが存在するという定理）が使われます。それに対して宇沢氏は逆定理として「一般均衡の存在定理」から「不動点定理」が証明できることを示しました。不動点定理は数学基礎論的に言えば、「実数論」と呼ばれる特殊な論理モデルに属する定理です。一般均衡の枠組みはある意味で「実数論」のモデルと同一であり、「特定の限定的なモデル」だということになります。一般均衡の枠組みを用いることは、形式論理で演繹できる帰結を特定のクラス（集まり）に限定してしまう可能性が高いのです。宇沢氏は数学を専攻していた時代、数学基礎論も専門としていたのでこうした発想に至ったのだと思われます。

▼模範とすべきは熱力学だった

経済学が模範とすべきだったのがニュートン力学でないとすると、何だったのでしょうか。「熱力学」だと私は考えています。熱力学は熱現象の物理法則を分析する分野で、特に熱と力学的仕事との関係を明らかにします。

熱力学をカルノー、ケルヴィン、ジュール、クラウジウスらが作り上げたのは19世紀です。経済学の限界革命の時期と重なっています。物理学者は当初、ニュートン力学から熱現象を完全に説明しようとしていました。いろいろな矛盾や壁にぶつかって考えを放棄し、熱力学という独自の理論体系を作り上げたといわれています。経済学が経済現象を無理やりニュートン力学にはめこんだのと好対照です。

「熱とは何か」を解き明かす中で物理学者たちは大きな紆余曲折を経ます。簡単に言えば「熱素説」と「熱運動説」のせめぎ合いです。熱現象は「熱素」という特定の物質が引き起こすとする仮説が「熱素説」です。熱現象は「物質の運動の形態」で生じるとする仮説が「熱運動説」です。二つは完全に分離しているわけではなくもつれながら、突き詰められていきました。これら経過の概要について、山本義隆氏の名著『熱学思想の史的展開』〔35〕を参照しながらまとめると次のようになります。

熱素説はニュートンの気体についての研究を発端に、ラプラスとポワソンが提唱して強力な仮説となりました。圧力と体積が反比例するというボイルの法則を気体粒子の間に働く斥力《せきりょく》が原因だとニュートンは考えました。得意の数学を用いて、粒子間の斥力は距離に反比例するという式を導いてみせたのです。そこでラプラスとポアソンは熱素という特殊な物質が斥力の源であると考え、さまざまな分析を進めました。

１８２４年に画期的な研究が発表されます。カルノーの『火の動力』です。ただ、この本が注目されるようになったのは、１８４８年にケルヴィンが手にしてからです。カルノーは熱素説を前提にしながらも、透徹した洞察力で後に熱力学と呼ばれるようになる学問の本質的な部分に到達していました。例えば、熱から力学的仕事を取り出すには作業物質が何であるかは関係がないとか、熱から力学的な仕事を取り出すには高温部と低温部の温度差が必要であるとかです。歴史に残る重要な発見は「カルノーサイクル」と呼ばれる、最も効率の良い循環的な熱機関でした。彼がこのような深い洞察に至ったのは蒸気機関を綿密に研究したワットの成果があったからです。

その一方で、マイヤーとジュールは熱運動説を提唱します。熱は物質の運動の形態であるとするこの説は、熱と運動が互換的であることから推測されます。蒸気機関は熱から仕事を取り出します。他方、摩擦熱のように仕事が熱に変わることも起こります。

混迷と錯綜とせめぎ合いの議論から熱力学がやがて誕生するわけです。

大事だったのは熱力学成立の過程で数多くの物理現象が熱との関係で解析されたことです。物体の燃焼、気体の熱膨張、熱伝導、比熱、摩擦熱、光、電気、蒸気機関…。これらの物理現象を総合的に説明できる理論として熱力学が完成します。ここに私たちは、先に解説した「網目構造」の典型例を見いだすことができます。

最終的には熱運動説が勝利しました。熱現象は物体の運動の形態だということです。ニュートンも、熱現象に関しては完全に間違ってしまったわけです。粒子の斥力は無関係でしたニュートンはボイルの法則を間違った定式化によって「証明」したことになります。天才さえも間違えたというこの教訓は、ある現象を何かの数学で説明できるからといっても、それが真因とは限らず、単なる偶然の一致ということが十分あり得るということを私たちに与えてくれます。他方で、カルノーの研究は熱素説の仮定は間違っていたものの、それ以外の大部分は正しいことが分かりました（実は論文の最後の方で熱運動説も肯定していたようです）。熱力学の祖であると彼を評してもよい功績でした。

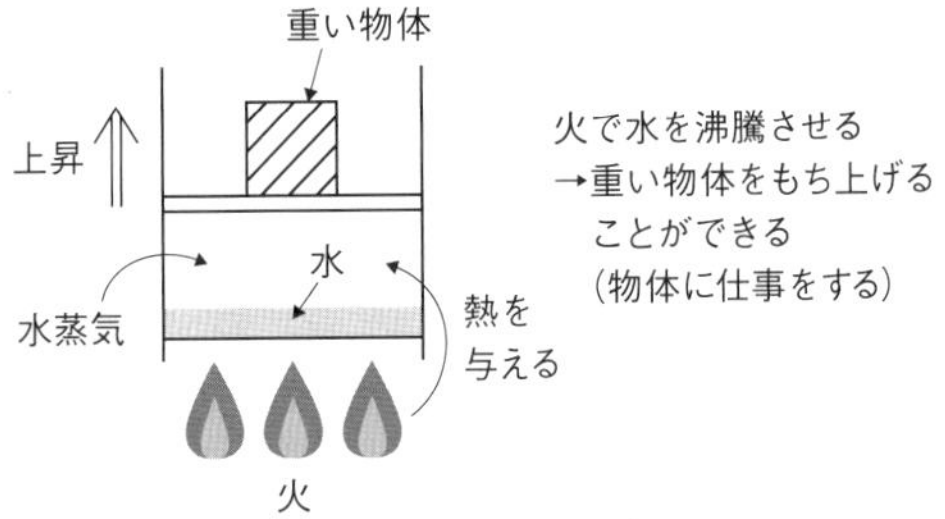

図８－１　原始的な熱機関のイメージ図

熱力学は古典力学（ニュートン力学）とは異なる体系です。同様に量子力学とも異なる体系です。熱力学は熱という現象の本性に関する独自の体系なのです。

同時代に構築された経済学と熱力学を比較するとき、現象科学としての在り方に大きな違いが感じられます。現象から出発して定式化をスクラップ・アンド・ビルドしながらじわじわと真相に漸近《ぜんきん》した熱力学。現実とは無関係な荒唐無稽な仮定から出発して質点の力学を単に模倣した経済学。両者の差は歴然としています。

▼熱力学

経済学に熱力学的発想を持ち込むヒントを得るために、熱力学の要点を解説します。

まず、最も原始的な熱機関を示します。図８－１を見てください。これは、火の燃焼によって水を水蒸気にして熱膨張させ、台を上昇させ、上に載せた物体を持ち上げる装置です。熱を力学的な力に変換し、それを利用して物体に仕事をするわけです。大事なのはこの装置をもう一度動かすには、装置を冷却して台を下に戻さないといけないことです。熱機関を循環的に動かすには高温と低温が必要だということになります。冷却の際、一度作った水蒸気を無駄にすることになります。熱機関には熱の無駄が不可避だということです。どんな蒸気機関もこの性質から逃れられません。ここに熱力学の本質があります。

ここからは田崎晴明氏の名著『熱力学：現代的な視点から』[28]を参照しながら、熱力学の要点を押さえてみましょう。

同書が斬新なのは「等温操作」と「断熱操作」を「原理的に異なるもの」として扱っている点です。等温操作は熱力学的な系（熱機関をイメージすればよい）を外部の環境と同じ温度に保って行う操作です。断熱操作は熱力学的な系を断熱壁で囲み、熱の出入りをなくして行う操作です。二つの操作が次元のまるで異なるものであり、二つの操作の組み合わせによってさまざまな原理や法則が説明できると田崎氏は示します。

最も重要な二つの原理だけを紹介します。

第一は、「ケルヴィンの原理」です。「等温サイクル（循環的な等温操作）が外界に対して正の仕事をすることはありえない」という原理です。これは俗に「熱力学の第二法則」とも呼ばれていて、他の法則からは導かれず、理由なしに要請されるもの（いわば、公理）です。

この原理の意味することは次のことです。この原理が成り立たないとしたら、温度が一定の環境の中で自分自身は変化せず、循環的に外界に力学的エネルギーを供給する装置（第二種の永久機関）ができてしまうということです。それはいってみれば、海の熱を使って推進力を保ち続ける船みたいなことです。そんなものはこれまでも無かったし、原理的に不可能に違いないということなのです。

この原理が要請するのは、外界に仕事をする循環的な等温操作には高温と低温の温度差が必要であるということで、先ほど熱機関の図で説明したことです。田崎氏はこのケルヴィンの原理について極めて重要なことを書いています。

「現在のところ、ケルヴィンの原理を、力学や量子力学などの『よりミクロな』物理学の体系から満足のいく形で導くことはできない。そういう意味で、ケルヴィンの原理は純粋な経験法則である」

経済学に欠けているのは、「よりミクロな」体系から導くことはできない純粋な経験法則ではないかと私は考えます。

第二は「熱力学におけるエネルギー保存則」の原理で、「任意の断熱操作の間に熱力学的な系が外界に行う仕事は、はじめの平衡状態と最終的な平衡状態だけで決まり、操作の方法や途中経過には依存しない」というものです。

この原理は19世紀の半ばにジュールがさまざまな実験を巧みに行って確立した実験事実だそうです。このエネルギー保存則が熱力学と通常の力学の共通点を表し、ケルヴィンの原理が熱力学と力学との本質的な相違点を表していると田崎氏は述べています。

田崎氏はこの二つの原理を中心に据えて、さまざまな物理量を定義する一方で、さまざまな法則を数学的に証明します。まず、与えられた等温操作において、操作の間に系が外界に行う仕事の最大値を「最大仕事」と定義します。これは、熱機関から取り出せる仕事の最大値を意味し「自由エネルギー」と呼ばれるものです。背景には「熱全部を仕事に変えることはできず、必ず無駄が生じる」ということを示唆する概念があります。次に、等温操作と断熱操作を組み合わせた可逆性のある「カルノーサイクル」という熱機関を定義します。これは前述の通り、カルノーが創案しました。そして、高温部と低温部を固定すると、カルノーサイクルの仕事の効率が最大であることを示します。

これからがとても重要です。内部エネルギーから自由エネルギーを引き算したものを「仕事に使えないエネルギー」として、それをスケールの目安である温度で割って「エントロピー」を定義します。この量について「自由エネルギーと内部エネルギーという二種類のエネルギーが一致しないこと、つまり、温度一定の環境での仕事と断熱壁で囲まれた場合の仕事が一致しないことが、熱力学的な系の一つの本質的な側面である」と田崎氏は説明します。

このようにエントロピーを定義すると、エントロピーのもつ不可逆性が示せます。それが「エントロピーの原理」であり、「ある状態から別の状態へ移る断熱操作が可能なための必要十分条件は、後者のエントロピーが前者のエントロピー以上であること」と表現されます。

ここに至ってついに、物理学は「不可逆性」の概念を手に入れました。エントロピーは増加するしかなく、系をエントロピーの低い方向に動かす操作は存在しないということです。

▼「装置」の理論

田崎氏の熱力学はＬｉｅｂ＝Ｙｎｇｖａｓｏｎの画期的なアプローチを土台にしています。ただ、Ｌｉｅｂ＝Ｙｎｇｖａｓｏｎの理論よりもずっと「装置の理論」としての形式で仕立てられています。それこそが私が引きつけられる理由です。なぜなら、経済学は「質点の理論」として作り上げては駄目で、「装置の理論」であるべきだと考えているからです。

社会は熱力学的な系と同じく、観測対象の膨大な集合体とその運動によって出来ています。それを個々の観測対象に分解して、それら個の性質を集計しようとする還元主義は、初期の熱力学が陥ったのと同じ過ちを犯すに違いありません。というのも、社会は「点」の集まりとして見るのではなく、巨大な有機的「装置」として見るべきで、そういう見方をしてこそ初めて社会や経済の真相が明らかになるのだと思うからです。だからこそ経済学はニュートン力学ではなく、熱力学を模範とすべきだったと私は考えているのです。

田崎氏は同書の冒頭で実に示唆的なことを述べています。ミクロな理論を出発点とした熱力学は少なくとも次の三点において望ましくないと言うのです。第一に、マクロな世界を記述する自立した普遍的な構造という熱力学の最大の特徴が見失われること。第二に、経験科学として見たとき、ミクロな統計物理学がマクロな熱力学の基礎だと考えるべきではなく、逆に、マクロな熱力学がミクロな統計物理学の基礎だと考えるべきだということ。第三に、現在のところは、統計物理学はミクロな力学とマクロな熱力学の両側から、それぞれ部分的に支えられ成立していること。この三つです。

「還元主義」的アプローチを彼は批判します。熱力学や流体力学のようなマクロなスケールでの理論（現象論）は、よりミクロな「基本的な」理論の「近似」と見なすのが還元主義であるのに対し、優れた現象論は近似などではなく、それ自身ミクロな理論から「独立して」存在し、ある普遍的な構造を厳密に記述するものであると強調します。

これは経済学を含む現象科学を探求するすべての研究者が心に留めておくべき至言だと私は思います。

ここで少し補足的な弁明をしておきます。一般均衡理論をはじめとした経済理論を還元主義として批判する私が、小野理論を持ち上げることに矛盾を感じる人がいるかもしれません。「小野理論はミクロに還元した理論ではないのか」ということです。それはその通りですが、熱力学もミクロな理論から一部は説明できるのです。実際、分子運動論は気体分子の運動にニュートン力学を適用して熱現象の一部分を説明しています。これはミクロに還元した方法論です。小野理論もこれと同様、ミクロな立場からマクロな経済現象の説明に成功している希有《けう》な例なのだと私は考えています。

▼ヴェブレンの経済学

「装置の理論」としての熱力学を眺望するとき、私はヴェブレンの経済学を想起します。ヴェブレンの経済学は科学と呼べるような数理性を備えてはいません。それでも、底に流れる彼の思考方法と哲学には、熱力学の先駆者たちと相通じるものを私は感じざるを得ません。

ヴェブレンの『営利企業の理論』は資本主義経済の不安定性を論証しました。宇沢氏はこの本について次のように要約しています。

「機械的な生産が豊富になった世界ではそれを実現する産業は営利企業によって営まれる。営利企業はそれぞれ特定の機能と働きをもつ機械、設備の集合体であるが、それは、たんなる集まりではなく、合目的的に管理されている有機体的組織をもつ。しかし、このような固定的な生産の蓄積も、それらが有効に利用されるためには、相互に緊迫した関連をもつマシーン・プロセスの間にきわめてデリケートな均衡が存在するときにはじめて可能となる。一方、私有財産制はマシーン・プロセスと整合的ではない。それはマシーン・プロセスを具現化する固定生産要素は、生産工程の全体系のなかに組み込まれていて、そのときどきの市場の条件によって変えることができないからである。そんなデリケートな条件の中、生産を直接担当する労働者、技術者たちのもっている製作者気質の本能と、経営者のもっている利潤追求動機の間に存在する緊張感もまたつよくなり、産業と営利の乖離は決定的なものとなる。産業と営利の乖離が、金融市場、資本主義の発達にともなって、ますます拡大する。それは金融市場、資本市場における価格決定がもっぱら投機的な動機にもとづいてなされるようになるからだ。企業の実体的な側面については固定性が高まる反面、企業の発行する株式、負債に対しては、金融市場で高い流動性が付与される。このような投機的動機にもとづいて形成される資産価格は、市場をきわめて不安定化する要因となる。この乖離が、ある閾値を超えるとき、人々の投機的期待はその限界に達し、やがて大きく逆転する現象が起こり、株価の大暴落を引き起こす。株価の大暴落は、投資の大幅な低下となって現われ、有効需要は下がり、非自発的失業の発生となる。国民所得は大幅に減少し、企業の期待はますます悲観的なものとなり、投資のいっそうの低下、有効需要の減少、非自発的失業の増大という悪循環に陥り、経済は慢性的な経済停滞という局面に入っていくことになる」[11]

宇沢氏の要約を読むと、ヴェブレンの不況理論が「装置の理論」であると私は確信します。経済活動をミクロに還元せず、マクロな装置のままで分析している姿勢が読み取れるからです。ヴェブレンの理論が「経済学における熱力学」に匹敵すると主張するつもりは毛頭ありません。何か重要なヒントを与えてくれているように感じられるということなのです。特に企業の産業的な側面における固定性と、金融市場における流動性との絶妙な関係は、田崎氏の熱力学における等温操作と断熱操作との絶妙の関係に符合しているように思えるのです。

第九章　過去の最適化

数学化される以前の経済学はかなりの程度で哲学的だったといえます。数学化された経済学は「新古典派経済学」と呼ばれ、それ以前の経済学は「古典派経済学」として区別されます。古典派の経済学者たちは多かれ少なかれ哲学的な議論をしていました。

森嶋通夫氏の著書〔34〕を参考に古典派の経済学者たちの横顔を簡単に追ってみましょう。

リカードは、消費財に穀物の占める割合が圧倒的に大きいという仮定の下では、利潤率が下降し続け、農産物価格が騰貴し、実質賃金は減少し続け、地代は増大すると理論から導きました。彼はこれによってイギリスの経済成長は止まると考え、イギリスは純粋工業立国を実現すべきだと結論付けたとします。

ヴィクセルについてはこう評します。過激な自由主義者であって言論の自由、選挙権の拡大、男女同権、軍備撤廃、君主制反対を主張し、「すべての人は平等でなければならならぬ」を第一原理とした人だとします。経済学的には資本理論、貨幣理論についての貢献をし、特に「ヴィクセル的累積過程」はその後の研究に大きな影響を与えました。工場を作る場合に時間を要し、その時間を「迂回期間」と彼は呼びました。この迂回期間の選択は利子率の影響を受けます。この考察を物価変動論に発展させました。一方、資本主義が爛熟すると、貯蓄額が大きくなっているのに投資機会が少なくなる。物価は下落し、貨幣量は収縮して、経済は下方に転落し続けると彼は論じました。これはヴェブレンやケインズの資本主義像と重なります。

マルクスについてはヘーゲルの歴史分析からヒントを得て、社会科学の中心科目である経済学に基づいた歴史分析、すなわち史的唯物論を確立したとしています。「マルクスおよびエンゲルスの歴史理論の主目的は、人間社会の歴史的発展―部族社会、古代共同体、封建社会を経て近代ブルジョア社会への発展―を理論的に説明することにある」と書いています。

ウェーバーに対する森嶋氏の論は熱を帯びています。ウェーバーは宗教と資本主義の関係を分析の対象としました。プロテスタンティズム（新教）の倫理が資本家に与える影響を論じ、新教は資本主義に適合的としました。逆にカソリックは適合的でないとしています。また、儒教社会において近代資本主義が積極的に興隆してくることはあり得ないとしました。森嶋氏はウェーバーの分析のナイーブさを「不安定性定理」と評します。

宇沢弘文氏も古典派経済学に造詣が深い人でした。彼の古典派経済学者への評価も見てみましょう〔8〕。

リカードについては、「資本主義における経済循環のメカニズムを、理論模型をつくることによってみごとに解明して、古典派経済学の原型を構築しただけでなく、その分析手法は経済分析の基本的なものとして現在に受け継がれている」とします。

マルクスについては「貧困の問題を、個別的な問題としてではなく、生産と交換にかんする制度的条件によって既定される階級相互の間に存在する対立、矛盾からの必然的帰結として理解しようとした」「資本主義的生産方法を一つの歴史的な過程としてとらえ、資本主義における経済循環の運動法則を解明し、剰余価値の概念にもとづいて分配問題にかんする分析を展開した」と記します。

とりわけ、ミルの『経済学原理』に強い共感を示していました。「ジョン・スチュアート・ミルの『経済学原理』は、その後の私の経済学研究のあり方に決定的な影響を及ぼすことになった」とまで書いています〔14〕。特にミルの「定常状態」を高く評価し、「マクロ経済学的にみたとき、すべての変数は一定で、時間を通じて不変に保たれるが、ひとたびなかに入ってみたとき、華やかな人間的活動が展開され、文化的活動が活発に行われながら、すべての市民的尊厳が保たれ、その魂の自立が保たれ、市民的権利が最大限の保証されている社会が持続的に維持されている状態」と宇沢氏は解説します〔11〕。動学理論における定常状態についてはすでに解説しました（55ページ参照）が、ミルの言う「定常状態」はそれとはかなり違います。数理経済学の立場からは理解に苦しむものの、思想的な立場からは私の心に響きます。

▼ロールズの正義論

経済社会に関する哲学的なアプローチで、私が大きな影響を受けたのはロールズの『正義論』です。ハーバート大学の哲学者ロールズは、1971年に大著『正義論』を刊行し、大きな賞賛を得るとともに物議を醸しました。ロールズの言う「正義」はどんな人間に対しても「自由」と「対等さ」を保証することです。「公正」と言い換えられます。ロールズはこの「公正としての正義」について、500ページにも及ぶ議論を展開したのです。拙著『使える！経済学の考え方』〔22〕における『正義論』の解説を要約しながら、ロールズの哲学を見ていきます。

ロールズの主張は、きわめてシンプルな二つの原理から成っています。

第1原理（自由の優位）

各人は、他人の同様な自由と両立する限りで、もっとも広範な基本的自由に対する平等な権利を有する。

第2原理（格差原理）

社会的・経済的不平等が許容されるとしても、それは（a）最も不遇な人々の利益を最大限に高めるものであり、かつ（b）職務や地位をめぐって公正な機会均等の条件が満たされる限りにおいてである。

第1原理は「自由を保障する」という、いわば政治的な原理で、第2原理は経済的な不平等に関する条件を規定する経済厚生に関する原理です。この「正義の2原理」でロールズはまず、政治的な自由を何よりも尊重します。人々は、人の自由を侵さないかぎりにおいてあらゆる暴力や束縛から自由でいられるという権利を確保します。その上で、第2の「格差原理」を提示しているわけです。

「格差原理」は「どういう場合に、不平等が容認されるか」を規定します。「最も不遇な人々の利益を最大限に高める」ことができるのなら不平等は認められてもいいと彼は言っています。それで別名「マックスミン原理」とも呼ばれます。その場合には、職業や地位に関しては公正な機会均等が担保されねばならないことを付け加えています。

▼最も不遇な人たちとは誰か

ロールズの議論で大事なことは、「最も不遇な人たち」とはいったい誰のことかという点です。選出の基準が恣意的にならざるを得ないことを彼は正直に告白した上で、次の三種類の例を挙げています。

①生まれついたときの家族と階級が他の人々より不利な人たち
②生来の資質があまり良い暮らし向きを許さない人たち
③人生の岐路における運やめぐりあわせが幸せ薄い結末に終わる人たち

①は、生まれてきたときの境遇が偶然の産物であり本人の責任でないにもかかわらず、生涯にわたる不遇を与える可能性が高いことを指摘しています。②は、知的能力や運動能力は生後の努力に依拠する部分があるにしても、生来の能力や育った経済環境に依存する部分が大きいため本人の責任に帰すことのできない不遇だとしています。③は特に示唆的です。普通、仕事の失敗や自堕落のために社会の底辺に落ち込んだ人々については「自業自得」の見方がなされます。ロールズはそういう人々も見捨てません。本人の努力では避けられなかった不運が働い

てしまった可能性を踏まえます。実際、巨万の富を持っている人なら同じ失敗をしても破綻《はたん》は免れただろうし、マクロ的な不況下で職を失ってどん底に落ちた人は好景気の中でならそれなりの暮らし向きであった可能性が高いはずだと考えるからです。

これは逆に、社会的な成功もある種の「偶然の所産」にすぎないとロールズが見ていることになります。商売で大きな成功を収めた人の多くは、もともと富裕な家庭に生まれ、親の資産と縁故を十分生かしただけかもしれません。学問的な成功を遂げた人も、もともと資産を十分な教育費に充てられる教育熱心な家庭に育った結果にすぎないかもしれません。裸一貫から起業して大成功した人も、単に確率的なギャンブルで偶然勝った程度の成功にすぎないのかもしれません。

▼原初状態と無知のヴェール

ロールズは格差原理を正当化するために「無知のヴェール」と「基本財」という哲学概念を準備しました。

「無知のヴェール」は、人間が生まれてくる前の状態を想像してみるときに、その人間が社会について何も知らない、その無知の在り方を意味する言葉です。「生まれる前の人間」は、仮想的に「原初状態（オリジナル・ポジション）」と呼ばれる状態にあるとします。この原初状態にあるときは当然、人間は財や能力はおろか知識や知能、認識などを一切持っていません。社会における自分の地位や身分も知りません。さらに、生来の資質や能力や分配に関する運を知りません。このような無知を「無知のヴェール」と呼びます。

ロールズが考えた原初状態の人間の無知のヴェールを受け入れるなら、つまり、こうした空想上の人間の存在を仮定するなら、人間に起きるすべての不遇に対しその人には責任はなく、生まれたときに働いた偶然と成長過程で働いた偶然に翻弄《ほんろう》されたにすぎないと理解できるでしょう。だからこそ、このような人々が社会から救済されることには十分な根拠があるわけです。

無知のヴェールに置かれた人間を「道徳的人間」だと彼は規定します。道徳的人間は何が公正であるかの原則を理解し、積極的にそれを実践していく能力と実力を持ち、何が人間の目標であるかを考え、必要ならば訂正し、合理的に追求していく存在ということです。道徳的人間はあくまで原初状態にある一人の弱々しい個人にすぎません。そういう道徳的人間の目的にするものが「基本財」なのです。

基本財は人間が社会生活を営む上で、個人の嗜好《しこう》や性癖とは独立にすべての人にとって重要な財のことです。このため原初状態にある道徳的人間にも、その存在の貴重さがはっきりします。生命、健康、知性、想像力といった「自然基本財」と、自由、基本的人権、職に就く権利、所得と富といった「社会的基本財」とから構成されます。ロールズが基本財という概念を表に出すのは、これらの財が欠ける人生こそ「最も不遇な人びとたち」だと定義するためです。

基本財と「最も不遇な人びとたち」との関係を彼は明らかにした上で、マックスミン原理が「最も良い社会」を選択する基本原理となることを次のように論証しました。

皆さんはまず、自分を無知のヴェールの背後に置いてみてください。言い換えるなら、原初状態にある道徳的人間に憑依《ひょうい》してください。皆さんは自分が誰なのか知りません。自分が生まれた後どんな人間になるか、どんな才能や財産を持ってどんな運命をたどるかを知りません。他者のことも何も知りません。誰がどんな目的でどんな嗜好なのかも分からない。ただ、健康や知性や自由や基本的人権といった基本財が誰にとっても重要であることは知っています。基本財に関する欲求が、すべての人間の共通項であることだけを知っています。

そのとき皆さんは、自分が生まれ落ちる社会がどんな社会であることを望むでしょうか。きっと、「不運によって基本財が欠けることに関して十分な補償がなされる社会」を優先するに違いないでしょう。どんな人間に生まれるにせよ、どんな運命をたどるにせよ、基本財が重要であることだけは原初状態ですでに分かっているからです。

そうだとすれば、最も不遇な人びとたちの利益が最も優先的に補償される社会、「マックスミン原理で選ばれる社会」こそを、最良の社会として選択することでしょう。

ロールズの議論を理解すると、宇沢氏の社会的共通資本との共通点を感じざるを得ません。ロールズの基本財は社会的共通資本そのものに思えます。

▼石川経夫

ロールズ『正義論』を私が知ったのは、石川経夫氏の名著『所得と富』〔5〕を読んだのがきっかけでした。宇沢氏の弟子である石川氏は、私の修士論文の指導教官でした。石川氏を指導教官に私が選んだのは研究テーマが理由ではありません。石川氏は労働経済学を専門とし、主に所得分配についての実証研究を進めていました。数理経済学の研究を希望した私にとって、石川氏は指導者として適任ではなかったのです。それにもかかわらず、私は石川氏を選びました。

実は私にはこんな経験があります。

宇沢氏の薫陶を受けて一念発起し、経済学研究科の大学院を私は受験しました。経済学部の出身者ではない私には口頭試験は鬼門です。少し専門的な質問をされて答えに窮しました。試験官は三人で、一人は石川氏でした。他の二人から厳しい質問が続き、私は硬直しました。助け船を出してくれたのが石川氏でした。私が宇沢氏のことを書いたエッセイについて石川氏が唐突に質問したのです。そのエッセイは私が当時勤めていた学習塾のテキストに掲載したものでした。石川氏がそのエッセイを読んでいたことに私は驚愕《きょうがく》しました。その場で理由を尋ねると「宇沢先生に読ませていただいたので」と柔らかな表情で答えました。エッセイは私が宇沢氏に郵送したものでした。石川氏のひと言をきっかけに私は気持ちを立て直すことができました。自分が経済学を知らないことは仕方のないことだ。宇沢氏に教わったこと、宇沢氏にもらったテーマを真摯《しんし》に説明するしかない。そう覚悟を固められました。

運良く大学院に合格した私は最初から石川氏に師事することを決めていました。

修士論文の指導者申し込みのとき、私は躊躇《ちゅうちょ》しました。石川氏が心臓発作で倒れ、長く入院したからです。人格者である彼には指導を希望する大学院生が多くいました。彼の体を心配した私は本人に正直に相談しました。何人までなら指導できるか。全員が無理なら自分は辞退すると言った私に、「全員、お引き受けします。それが学者としての使命ですから」と答えました。そうして私は石川先生の指導を受けることになったのです。

石川先生との1年間は一生の財産となりました。私の目指す研究と先生の専門は異なるにもかかわらず、先生の学問に向き合う姿勢、徹底した分析、揺らがない信念は研究者の人生を歩み始めた私にとって最も貴重な教えで、それは今も生きています。ケインズの貨幣理論の再構築について先生と議論したことがあります。先生は「クラウワー制約」という概念があることを教えてくれ、それをずっと私は考え続けました。修士論文は結局、その方向にはいきませんでした。それでも私はその後ずっと「クラウワー制約」について考え続けました。その初心がもう少しで実を結びます。小野理論との関係でいま、私独自の貨幣モデルが完成に近づいています。

私が修士論文を仕上げ、口頭試験が終わった直後、先生は二度目の心臓発作で倒れました。手紙で宇沢氏に伝えると、彼はすぐに病院に駆け付けました。悲運にも今度は回復しませんでした。私は打ちひしがれ、しばらく研究ができなくなりました。

数年後、私は教員の職を得た帝京大学で「厚生経済学」の講義を担当することになりました。初めての、そして畑違いの講義のため石川先生の『所得と富』を参考に講義をしようと思い立ちました。そこで初めて、先生の解説によるロールズ『正義論』に触れることになりました。まるでロールズが先生に憑依《ひょうい》しているように感じられました。読みながら私の目には涙があふれました。今度は私の方でした。帝京大学で学生たちに『正義論』を講義したとき、まるで先生が私に憑依しているような感覚になったのです。そのとき、実感しました。「学者が他界しても、その人の学問は生き続けるのだ」と。

▼そうであったかもしれない世界

本書の締めくくりに、私の思想の一端である「過去の最適化」について解説します。拙著『確率的発想法』〔20〕で初めて提示しました。

不確実性のある事象への意思決定が、時制と無関係ではいられないことを、まず説明します。当然のことですが、「どの賭けに参加するか」の判断は賭けの結果が出る前に行われます。賞金や支払いが発生するのは賭けの結果です。「どの賭けに参加するか」を選ぶときの内面的な好みと、「得られた賞金はどうだったか」に関する内面的な好みは一致しないことがままあります。「時制」がずれているからです。いま、「半々の確率で5万円を得るか1万円を失うか」という賭けAがあり、他方、「9割の確率で3万円を得るが、1割の確率で2万円を失う」という賭けBがあるとします。ある人が自分の内面的な好みから、賭けBに参加したとしましょう。これが事前の判断です。仮にこの人が2万円を失う結果になった場合、この人の抱く感想が事前のものと同じになるでしょうか。現実として2万円を失ったことを納得できるのでしょうか。結果から考えると、Aの賭けで1万円失った方がよかったと反省するかもしれません。

この人は賭けに対して「賞金をもらった世界の方を体験していない」ということが重要です。事前には0・1の確率で起きるとされていたことが起きたわけです。事前には可能性（部分）でしかなかったことが、事後には現実（全体）となり、しかも事前には0・9の確率で存在していた「3万円を得る」可能性が事後の現実で消滅しています。このとき、確率は過去に置き去りにされ、現在の存在である自分とは隔絶されてしまいます。

これは通常の経済行動とは次元が異なります。例えば消費選択の場合、財を消費したときに得られる効用は「事前にどのくらい消費しようとしていたか」とか「いくらの予算から決めた消費量か」とか、事前の判断基準は問題になりません。あくまで、財の消費はそれに応じた効用を与えるだけです。賭けの場合はそうではありません。現実の結果は、それだけをみれば「2万円の支払いが発生した」です。これは「賭け」の結末を正確に表現してはいません。「本当は確率0・9で3万円もらうこともあった」と、過去においては存在していながら現実には実現されなかった可能性を決済時点で付与しなければ完全な記述にはならないわけです。ただ、この可能性を現在時点で見れば、露と消え去った「無」でしかありません。

「反復試行を行えばこのような問題は生じないではないか」というのは、実は反論になりません。この賭けに非常に数多く参加すれば、3万円をもらうことも2万円を支払うことも幾度となく経験することでしょう。そして、それの起こる頻度が9：1であることも確認されるでしょう。とはいえ、そもそも数多く参加したのなら、大数の法則から結果は「決定論的」になっています。多数回の参加は、不確実性ではなく確実性に分類される現象に他なりません。

「問題の本質は事前の判断だけにあるのではないか」という反論も的を外れています。これは「不確実性に対する好みというのは、ものごとの結果がいろいろあり得るというそのバラエティーに対する好みであり、事前にしか存在しない」という理屈です。そうすると、その好みというのは、「事態の未決定の多様な在り方」への好みであり、結果がどう出ようが無関係、あるいは結果を見る必要はないことになります。結果が不要なら、それは「不確実性」ではなく、単なる「架空」「フィクション」です。「架空の物語性への選好」となってしまいます。

これらのことから「賭けにとって時制は本質的だ」と私は考えます。繰り返しになりますが、不確実な出来事への選好を扱うためには、結果として得られた報酬・報償だけではなく、「事前の過去の時点では、こういう可能性もあった」という出来事を加えて判断する必要があります。「そうであったかもしれない世界」を対にして初めて、不確実性への選好が評価できるのです。

「そうであったかも知れない」というのは決して突飛な考えではなく、人間の基本的思考様式の一つです。その証拠に言語には「仮定法過去」という文法が存在しています。「あの1フランであれが見られたのだがな」というネロの言葉（89ページ参照）に表わされるような、「現在はそうではない」ことを前提とした表現が、普通の文法として成立してます。不確実性下の意思決定には、この「仮定法過去」として確率を捉え直すことが肝要だと思うのです。

賭けはその結果としての「経験」と結び付いていなければいけません。一つの賭けの終結は「あり得た可能性たち」に対して、「結果が現実となった」経験が未来において加えられて初めて、成立するからです。賭けの終結には必ず「経験」が付与されていなければならないのです。

▼過誤の意義

賭けを分析する際、「時制」が排除できないこと、「経験」が重要であることを論じました。ここから自然に導かれるのは、不確実性下の意志決定では「過誤」の存在が無視できないということです。「過誤」という現象は、不確実性を含まない経済学には存在しない観点です。不確実性下の意思決定理論は過誤に関する寛容さが要求されます。不確実性とは「時間の未到達」や「知識や経験の不十分さ」「集団の知識の食い違い」などから生じ、そこではそもそも過誤が前提となっています。

人が意思決定において過誤を犯すことを前提とするなら、次に問題になるのは、人が過誤に対してどう始末をつけるのかです。通常の経済理論では過誤の始末は全く無視されます。経済理論における人々の欲望の視線は未来にしか向かわないことが前提となっているからです。従来の経済理論は、過誤が過去に関して成したことへの断罪をしません。過誤が変えるのは現在から未来の方角だけです。従来の経済理論では、最適だと思った選択が最適でなかったことが判明しても、経済主体が「過去を最適化しようとする」とは想定しないのです。

では、経済主体は常に未来にしか視線を送らないでしょうか。あるいは、未来にのみ視線を送る「べき」でしょうか。私が論じたいのは他でもない、「人は過去をも最適化したいと思っているし、またそうあるべきだ」という論点なのです。

▼過誤に対する支払い

人々の行動に関する価値判断には「そうであったかもしれない世界」を付与しなければなら

ない。また人は、「そうであったかもしれない世界」を知ることで過誤を犯したことに気がつく。人は過誤を知ったとき過去でさえも最適化したいと考えている。このひと繋がりの議論から結論されることは何でしょうか。それは、人々は過誤に対して支払いをする意思と欲求を持っているに違いないということです。もしも、自分の現在の地位や所得が偶然の成せるものであり、その偶然は事前の完璧な意志決定からもたらされたわけではなく、ある種の判断の過誤がもたらしたものであった場合、その人は過誤を犯した過去を修正し再度最適化するための支払いを躊躇する理由はないということです。

以前、ある棋士から個人的に次のような言葉を聞きました。「ホームレスの方々を見ると、ときどきこんなことを思う。あのとき、玉の駒を左下ではなく右下に引いていたら、今の自分はこの人だったかもしれない」。棋士はたぶん、残り少ない持ち時間に追われながら、玉の駒をどちらに引くべきか最終的に読みきることができなかったのでしょう。ほとんど偶然で左下に引いたのでしょう。それは結果的に正解でした。この後、棋士には「玉を右下に引いたことで生じたかもしれない世界」が付きまとうことになりました。なぜならこの可能性を付与しないと、棋士は自分の現在を正当に評価し得ないからです。もしもこの棋士が、玉を右下に引いてこの勝負に敗戦したとしたら、棋士人生が大きく変わっていたかもしれません。棋士生命が絶たれ、最悪の場合、ホームレスになっていた可能性だって否めないと棋士は回想しているわけです。

こう考えると、棋士の現在の地位や名声や所得は１００パーセント、棋士に帰属するといえるでしょうか。単純な見積もりをすれば、決断の時点で左下が右下に対して確たる優位性がなく、後になって左下が論理的な正解だったと分かったとしたら、「半分の確率の正しい側をたまたま選んだにすぎない」ことになります。このとき、棋士の現在の所得の半分は自分のものではないと言っても過言ではありません。棋士の発言にはそういう「居心地の悪さ」が現れていると言えます。

人々が自分の判断の過誤を見つけ、自分の地位や所得のいくばくかは事前の最適化の産物でないと知ったなら、居心地の悪さを解消するために「過去を最適化」すべきでしょう。それは過誤に対する支払い、あるいは「そうであったかもしれない自分」に対する支払いと呼ぶべきものです。麻雀でテンホーやチュウレンポウトウを出したプレーヤーは、他のプレーヤーたちに食事をおごります。「祝いごとの振る舞い」という意味よりも、自分に自分の実力を超える幸運が働いたことに対するバツの悪さを解消するためだと考える方が適切でしょう。

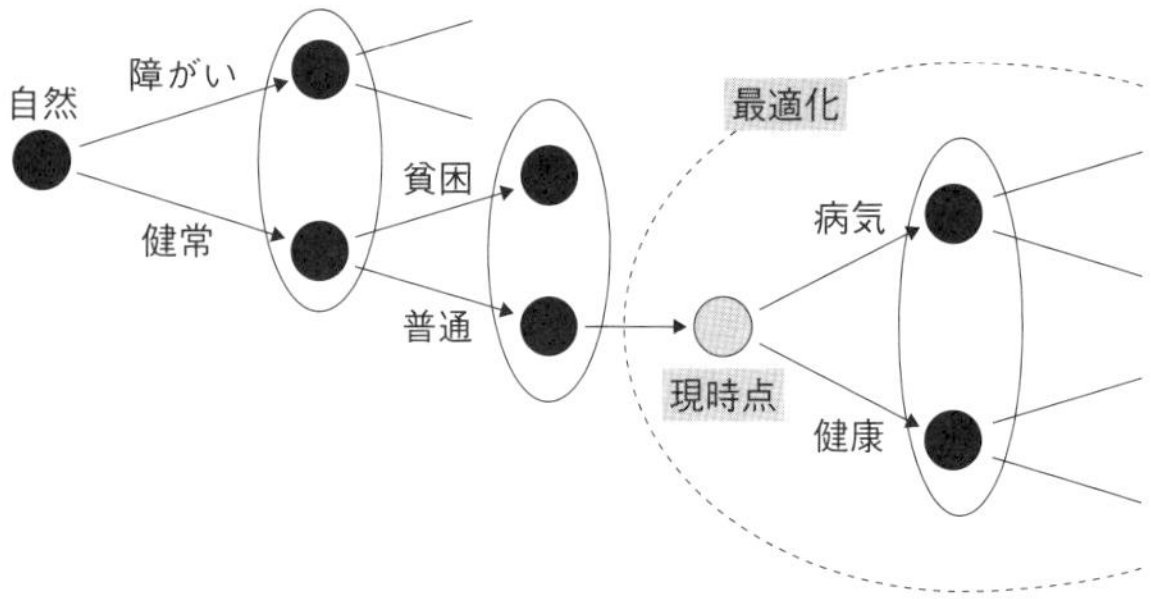

図９－１　通常の通時的最適化

▼過去の最適化

「過去の最適化」の概念を図によって説明します。

図９－１を見てください。

丸（●）は人生における分岐点、枝は選択される事象を表しています。この図では、最初、「自然」があなたの在り方を選びます。上の線が「障がい者となる事象」、下の線が「健常者となる事象」です。健常者となった事象を表す丸（●＝分岐点）では、今度は「貧困になる事象」と「普通になる事象」とが選ばれます。これは主に、幼少時の家庭に依存することになるでしょう。

この図が表しているのは、「現時点」の丸（◎）にあなたが今いるということです。通常の経済学では、ここから先の枝分かれの中であなたが最適化を図ると仮定されます。

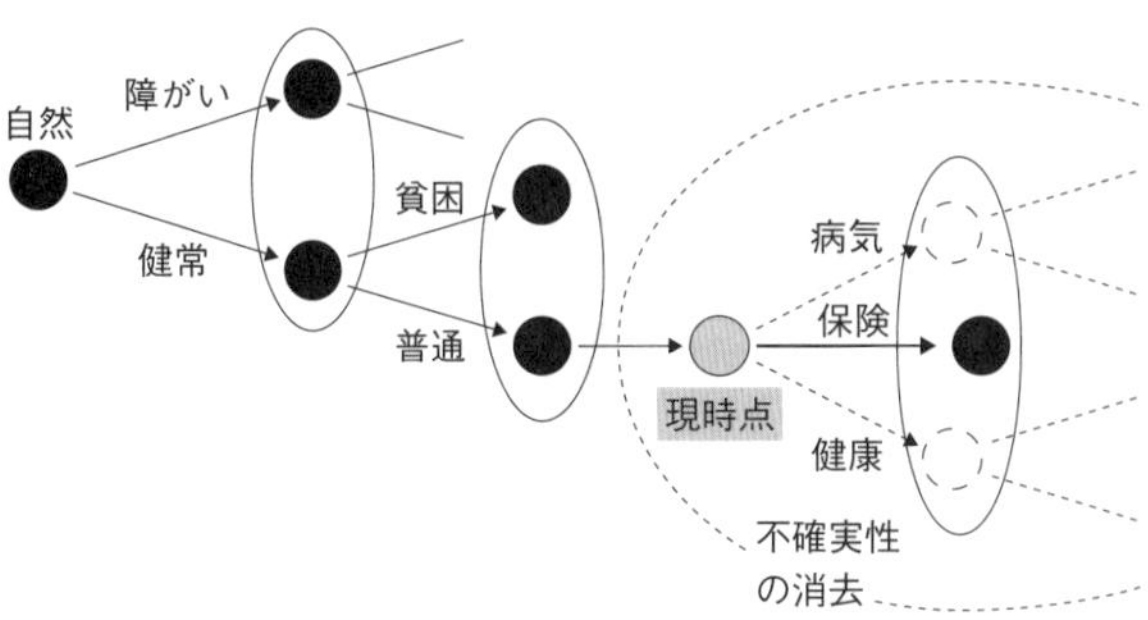

図9－2　保険を導入した場合の通時的最適化

図9－2は保険を導入した場合の人生の分岐点を表します。

あなたは現時点の分岐点で「保険を掛ける」ことで、病気と健康の揺らぎを消すかもしれません（149ページ参照）。これはあなたの最適行動の一つです。

だとしたら図9－2の最初の丸（●＝分岐点）から最適化をする方が自然ではないでしょうか。それが、図9－3です。

図9－3には、第1の分岐点で「障がい者となった事象」の枝、第二の分岐点で「貧困となった事象」の枝が選択された「そうであったかもしれない世界」が太線されています。もし、この樹形図全体を最適化するのだったら、「そうであったかもしれない世界」に対して掛けるべきだった「未払いの保険料」が存在しています。それを現時点で支払うことは「最適化」の定義からは奇妙

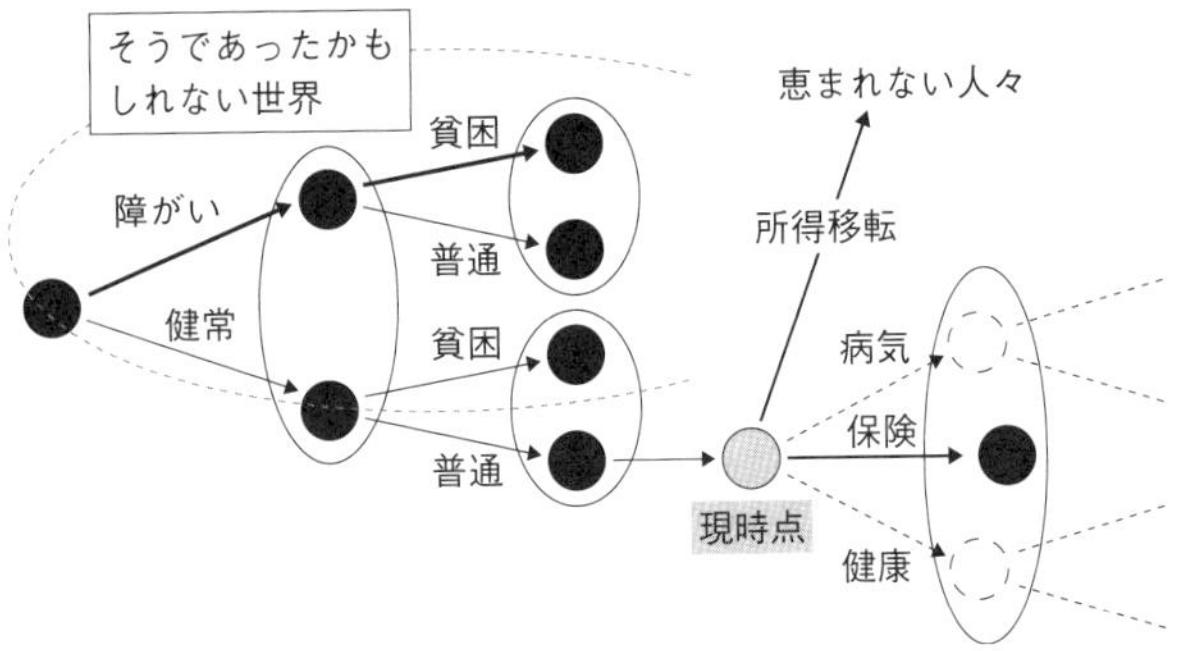

図９－３　「過去の最適化」による所得移転

なことではありません。それはきっと「恵まれない人々」への支払いとなるでしょう。これは「慈悲」や「施し」ではなく、あくまで自己の最適化のための支払いだということがとても重要です。先ほどの棋士の例で言えば、玉を右下に引いてしまってホームレスになった「そうであったかもしれない自分」への支払いだということです。

▼サイダーハウス・ルール

『確率的発想法』[20]を出版した際、評論家の山形浩生氏が書評で「過去の最適化」への批判を寄せました。京都大学寄付講座で私が講演したときも、ソニーコンピュータサイエンス研究所の舩橋真俊氏から同様のコメントをもらいました。「過去を最適化すると、現在に自分はいなくなるかもしれないのではないか」という内容です。

山形氏の批判に対して私は非常に動揺しました。私の論がすべて崩れ去るかもしれないと思ったからです。ある映画がヒントになり、自説を撤回する必要はないと考えるようになりました。映画は『サイダーハウス・ルール』です。

孤児院で育った主人公は、産科医のもとで出産と堕胎手術の技術を修行し、無資格ながら完璧な産科医療を会得します。当初、彼は堕胎手術を行いませんでした。なぜなら、もしも自分の実母が非合法な堕胎手術を受けていたら、自分はこの世にいなかったからでした。堕胎手術は自分の現在の存在を否定することを意味します。しかし、主人公は最終的にはこの問題から自分を解き放すことになります。

彼は孤児院から独立し、リンゴ園で働きます。サイダー作りに従事する黒人たちにはサイダーハウス・ルールという掟が張り紙されていますが、識字ができない彼ら彼女らには全くの無意味でした。主人公はルールというのはそこで生きる人々が自ら作るものだと気づきます。そんな中、園で労働する父親に妊娠させられてしまった実娘の堕胎手術に主人公は臨む決意をします。自分に課したルールの無意味さを自覚したからでした。「自分のいなかった世界なんかは無視する」という決断だと私は理解しました。主人公が到達したこの考え方は、物理学における「人間原理」の類似だと思えます。人間原理というのは、「なぜ、この宇宙はこのような姿をしているのか」という問いに対して、「そうでなければ、人間はこの宇宙に存在できないからだ」と答えるアクロバットな論法です。

「過誤に対する支払いによる再最適化」を是とするならば、ロールズが主張するマックスミン原理に別の根拠を与えることが可能です。「最も不遇な人たちの利益が最大になるように社会を設計する」ということは、成功者からの富の移転を前提としています。それは決して慈悲や施しではなく、「自分がその最も不遇な人であったかもしれない世界」「現在そういう不遇な立場にないのは、全部が自分の推測の正しさやそれに応じた備えや努力の産物ではあるわけではなく、一部はある種の過誤の帰結であること」ことへの支払いだと考えることができます。ロールズの前提とした「無知のヴェール」は自分の運命を確率的にも知らず、他人がどういう目的や知識を持っているかも知らない、非常に知識が制限された状態です。こうした状態で下した決断は、非常に多数のそして大きな過誤をもたらすことでしょう。個人がその過誤に対して、最適でなかった過去の選択を最適化したいなら十分な支払いをする必要があるでしょう。それこそがマックスミン原理だと言ってもよいと思われます。

例えば、身体や知性に障がいがある人々を目にすることで私たちは初めて、「自分がそのようにあったかもしれない世界」を知ります。これは、自分のこれまでの人生の捉え方に過誤があったことを知らしめます。現在の自分のありようすべてが、不自由さや障がいに対して事前に対処をした結果であるわけではなく、実際は想定していなかった可能性（障がいを負うという可能性）が偶然生起しなかったにすぎないと知るからです。これはいわば「無知のヴェール」の帰結するところです。

宇沢氏の「自動車の社会的費用」もこの「過誤への支払い」から正当化することができます。市民は「自動車に脅かされなかったであろう世界」を選択することも可能でした。だから、そこに身を置いたら得られたであろう利益を想像することが可能です。このような「そうであったかもしれない世界」を、現状を前提として回復するとするならば、現在の道路の幅を十分に拡げて、街路樹により自動車と歩行者を隔離し、歩行者が事故で死なない、環境汚染で健康を害さない環境を創出する選択が自然でしょう。その費用が「自動車の社会的費用」なのです。この費用は「そうであったかもしれない世界」を付与し、過去も未来も合わせて最適化する費用だといえます。

出版した『確率的発想法』[20]を宇沢氏に進呈しました。彼からすぐにコメントが届きました。

「自分の単細胞的な考えを思想にまで高めてくれて感謝します。自分はこの本から新しくたくさんのことを学びました」

短いコメントでした。それでも私には心に染みました。彼は弟子には決してお世辞を言いませんでした。だからコメントは彼の本心であり、私への最大級の褒め言葉でした。

あとがき

本書は、経済学に対するここ10年ほどの私の思索と想いを書いたものです。宇沢先生が亡くなられてから、ずっと考え続けてきたことです。社会的共通資本の理論についての私の研究をどうにか形にすることができました。

繰り広げた議論の多くは、京都大学寄附講座「人と社会の未来研究院・社会的共通資本の未来」での講演、日本医師会での講演、組織移植学会での講演、「人の資本主義」研究プロジェクトでのカンファレンスなどの機会に研究した成果です。招待してくださった関係者の方々にお礼を申し上げます。

本書を読んで貧困・格差・孤立に興味をもたれた一般読者の方々は、是非、さらなるリサーチをしていただき、その成果を、選挙制度を通じて政治に反映してくだされば嬉しいです。また、本書の議論に刺激を受けてくださった経済学の専門家の方がおられるなら、「数学化された経済学」で業績を積む傍らで、「シン・経済学」的な研究も進めてくだされば本望です。

本書を書くに当たって、マクロ経済学については大阪大学特任教授の小野善康さんとの議論を生かすことができました。熱力学の部分は、同僚の長谷浩さんとのセミナーのおかげです。お二人にあらためてお礼を申し上げます。

沖永佳史・帝京大学理事長・学長と岡田和幸・帝京大学出版会代表にも感謝いたします。帝京大学での教育・研究活動の中で、私は大きく成長できたと思います。最後に、企画立案・編集でお世話になった帝京新書・編集長の谷俊宏さんにお礼を申し上げます。思う存分、私の経済学への想いを書かせていただき、満足な本ができました。

2023年10月23日　宇沢先生の逝去からの10年を振り返りながら

小島　寛之

主な参考図書

[1] 阿部彩『弱者の居場所がない社会』講談社現代新書、2011年

[2] 阿部彩・鈴木大介『貧困を救えない国日本』PHP新書、2018年

[3] アダム・スミス（杉山忠平訳）『国富論1、2、3、4』岩波文庫、2000〜01年

[4] 石井光太『日本の貧困のリアル』PHP文庫、2023年

[5] 石川経夫『所得と富』岩波書店、1991年

[6] ウィーダ（村岡花子訳）『フランダースの犬』新潮文庫、1993年

[7] 宇沢弘文『自動車の社会的費用』岩波新書、1974年

[8] 宇沢弘文『経済学の考え方』岩波新書、1989年

[9] 宇沢弘文『宇沢弘文著作集　第1巻（社会的共通資本と社会的費用）』岩波書店、1994年

[10] 宇沢弘文『宇沢弘文著作集　第11巻（地球温暖化の経済分析）』岩波書店，1995年

[11] 宇沢弘文『地球温暖化の経済学』岩波書店、1995年

[12] 宇沢弘文『地球温暖化を考える』岩波新書、1995年

[13] 宇沢弘文『ヴェブレン』岩波書店、2000年

[14] 宇沢弘文『宇沢弘文の経済学』日本経済新聞出版社、2015年

[15] 宇沢弘文『公共経済学を求めて』岩波書店、1987年

[16] 小野善康『貨幣経済の動学理論』東京大学出版会、1992年

[17] 小野善康『金融』岩波書店、1996年
[18] 小野善康『資本主義の方程式』中公新書、2022年
[19] カルノー（広重徹 訳・解説）『カルノー・熱機関の研究』みすず書房、1973年
[20] 小島寛之『確率的発想法』NHKブックス、2004年
[21] 小島寛之『エコロジストのための経済学』東洋経済新報社、2006年
[22] 小島寛之『使える経済学の考え方』ちくま新書、2009年
[23] ケインズ（間宮陽介訳）『雇用、利子および貨幣の一般理論（上）（下）』岩波文庫、2008年
[24] 重田園江『ホモ・エコノミクス』ちくま新書、2022年
[25] ジョージ・A・アカロフ／ロバート・J・シラー（山形浩生訳）『アニマルスピリット』（東洋経済新報社、2009年
[26] ジョン・ロールズ（川本隆史ほか訳）『正義論 改訂版』紀伊國屋書店、2011年
[27] スピノザ（畠中尚志翻訳）『スピノザ エチカ 上・下 倫理学』岩波書店、2020年
[28] 田崎晴明『熱力学：現代的な視点から』培風館、2000年
[29] 津川友介『世界一わかりやすい「医療政策」の教科書』医学書院、2020年
[30] フォン・ノイマン／モルゲンシュテルン（銀林浩ほか訳）『ゲームの理論と経済行動1～5』東京図書、1972～73年
[31] フリードマン（西山千明訳）『選択の自由』日本経済新聞社、1980年
[32] ミシャン（都留重人監訳）『経済成長の代価』岩波書店、1979年

[33] ミル（末永茂喜訳）『経済学原理 第1〜5』岩波文庫、1976〜78年
[34] 森嶋通夫『思想としての近代経済学』岩波新書、1994年
[35] 山本義隆『熱学思想の史的展開』現代数学社、1987年
[36] 吉川洋『人口と日本経済』中公新書、2016年
[37] S・ボウルズ／H・ギンタス（宇沢弘文訳）『アメリカ資本主義と学校教育』岩波書店、2008年
[38] アナニヨ・バッタチャリヤ（松井信彦訳）『未来から来た男ジョン・フォン・ノイマン』みすず書房、2023年
[39] 神取道宏『ミクロ経済学の力』日本評論社、2014年
[40] 小島寛之『宇沢弘文の数学』青土社、2018年

小島　寛之（こじま・ひろゆき）
帝京大学経済学部教授。数学エッセイスト。1958年東京都出身。東京大学理学部数学科卒。同大学大学院経済学研究科博士課程単位取得退学。経済学博士（東京大学）。専門は数理経済学、意思決定理論、ゲーム理論。著書に『素数ほどステキな数はない』（技術評論社）『完全独習　ベイズ統計学入門』（ダイヤモンド社）『世界一わかりやすいミクロ経済学入門』（講談社）『使える！経済学の考え方』（筑摩書房）『宇沢弘文の数学』（青土社）など多数。

帝京新書004

シン・経済学《けいざいがく》
—貧困《ひんこん》、格差《かくさ》および孤立《こりつ》の一般理論《いっぱんりろん》—

2023年12月10日　初版第１刷発行

著　者　小島寛之
発行者　岡田和幸
発行所　帝京大学出版会（株式会社 帝京サービス内）
〒173-0002　東京都板橋区稲荷台10-7
帝京大学 大学棟３号館
電話 03-3964-0121
発　売　星雲社（共同出版社・流通責任出版社）
〒112-0005　東京都文京区水道1-3-30
電話 03-3868-3275
FAX 03-3868-6588
企画・編集　谷俊宏（帝京大学出版会）
印刷・製本　精文堂印刷株式会社

ISBN：978-4-434-33189-3

帝京新書創刊のことば

日本国憲法は「すべて国民は、個人として尊重される」（第十三条）とうたっています。

帝京大学の教育理念である「自分流」は、この日本国憲法に連なっています。

自分の生まれ持った個性を尊重し最大限に生かすというのが、私たちの定義する「自分流」です。個性の伸長は生得的な条件や家庭・社会の環境、国家的な制約や国際状況にもちろん左右されます。それでも〈知識と技術〉を習得することにより、個性の力は十分に発揮されることになるはずです。「帝京新書」は、個性の土台となる読者の〈知識と技術〉の習得について支援したいと願っています。

グローバル化が急激に進んだ二十一世紀は、単独の〈知識と技術〉では解決の難しい諸問題が山積しています。国連の持続可能な開発目標（ＳＤＧｓ）を挙げるまでもなく、気候変動から貧困、ジェンダー、平和に至るまで問題は深刻化かつ複雑化しています。だからこそ私たちは産学官連携や社会連携を国内外で推し進め、自らの教育・研究成果を通じて諸問題の解決に寄与したいと取り組んできました。「帝京新書」のシリーズ創刊もそうした連携の一つです。

帝京大学は二〇二六年に創立六十周年を迎えます。

創立以来、私たちは教育において「実学」「国際性」「開放性」の三つに重きを置いてきました。「実学」は実践を通して身につける論理的思考のことです。「国際性」は学習・体験を通した異文化理解のことです。そして「開放性」は〈知識と技術〉に対する幅広い学びを指します。このうちどれが欠けても「自分流」は成就しません。併せて、解決の難しい諸問題を追究することはできません。「帝京新書」にとってもこれら三つは揺るぎない礎です。

大学創立者で初代学長の冲永荘一は開校前に全国を回り、共に学び新しい大学を共に創造する学生・仲間を募りたいと訴えました。今、私たちもそれに倣い、共に読み共に考え共に創る読者・仲間を募りたいと思います。

二〇二三年十二月

帝京大学理事長・学長　冲永 佳史